医学部入試

小論文実践演習
～生命・医療倫理入門編～

原田広幸　著

はじめに

近年、医療系学部、とりわけ医学部の合格に必要な学力偏差値は上昇を続け、入学定員増が行われているにもかかわらず、難易度は一向に下がる気配がみられない。合格ボーダーライン上にいる受験生の学科成績の差はほとんどなくなり、それこそ1点、2点の得点差が合否を決めるという非情な選抜が行われているのが現状だ。

そのような中、とりわけ私立大学医学部において、小論文試験・面接試験の出来不出来が合否を決定するということが多くなってきた。国公立大学を含め、いまや、小論文試験が「形だけ」行われている大学は存在しない。もちろん、（英数理科などの）学科成績が伴わなければ最終合格に至らないことは確かであり、学科試験にパスしなければ小論文試験を受けることができない大学もある。しかし、学科成績が抜群に優秀でない限り、1次の学科試験を何とか通過しても、小論文の出来が悪くて不合格になるということは、大いにあり得る。また、これは、小論文を点数化していない大学であっても同じだ。

「学科試験で失敗しなければ、小論文は人並みでよい」という考え方は、もはや通用しないのである。

それならば、人並みを超えるためのハイレベルを目指そうとして、やる気のある人向けの参考書を探してみても、そういうものは世に払底しているという有様だ。失われた20年の不況下において、出版事情は悪くなる一方で、本格派の（それゆえに商業ベースに乗らない）上級者向け参考書が駆逐され、お手軽で取っつきやすいものだけが本屋に並んでいる。

たしかに、丁寧でわかりやすい解説のついた、入門者向けの参考書が増えたのは喜ばしいことである。私が受験生だった時代（20数年前）から比べると、学習参考書の出版数は格段に増えた。かつては手探り状態で探し当てた情報も、今ではすぐに入手できるようになっている。基礎の基礎からじっくりと学べる環境に、誰もが簡単にアクセスできるようになったのは、たしかに歓迎すべきことだと思う。

しかし、国語や小論文に限って言えば、上級のステップを目指す人のための情報や書籍は、昔より少なくなっているとまでは言えなくとも、なかなか入手し難いという状況があり、それは極めて憂うべきことだ。理数科目には相変わらず上級向けがあるのに、英語以外の文系科目は軽視され続けている。

簡単なところから入門することは、勉強の順序として当然だが、「簡単である」ことと「基礎的である」（ゆえに重要である）ことは別である。また、基礎的段階から、より高いステージを目指すトレーニングも、確実に合格を勝ち取るためには必要である。

本書は、このようなトレーニングに果敢にチャレンジし、「自信を持って小論文試験をクリアしたい」、「2次試験でライバルに差をつけて合格を果たしたい」と考える真面目な（？）受験生のために書かれた実践演習書だ。

初級者向け参考書を読んだ後、何をするべきかに悩んでいる人、「小論文の書き方」はもう大丈夫だけれど、その後どうやって勉強を進めればよいかわからなかった人、医学部入試に頻出する「生命倫理」や「医療問題」について、概論的な知識を得たいと思っていた人は、ぜひこの書で勉強し、答案の採点者にアッと言わせる答案を書いて、医学部への切符を確実に手にしてほしい。

本書は、ＡＯ・推薦入試、国立大学医学部の後期入試、学士編入

試験などで出題される本格的な小論文、英文読解型小論文にも対応している。また、医学部だけでなく、歯学部や、倫理問題を出題する一般学部の受験生にもきっと役立つはずだ。

ただ、論文という科目は、総合的な教養・能力が試される試験であり、完璧な対策、方法論、公式などはあり得ない。それでも、可能な限り、試験対策としての万全を期したつもりではあるが、本書にもまだまだ改善の余地は残されているはずである。受験生や諸先生方からのコメントや批判、ご意見を頂けたら幸いである。

そして、受験生の諸君が、もし本書を利用して合格を勝ち取ったら、ぜひ著者にご一報いただきたい。教えることを生業とする者にとって、これに勝る喜びはない。

原田　広幸

(hiroyuki.harada@kojimachi-medical.com)

本書の使い方

本書は、一通り小論文の勉強をしたことがある受験生（一般向けの小論文の概説書などを読んだことがあるレベル）を主な対象とした、実践演習書である。入試に出された問題とオリジナル問題、併せて 18 題の読み方・解き方と、筆者による解答案を掲載している。

経験者向け、中上級者向けの参考書ではあるが、小論文を書くことが初めての人や、医療倫理の基礎を入門的に勉強したい人のために、出題されたテーマについての詳しい説明も加えてある。

☆【初級・中級レベルの人】あるいは【時間のない人】

小論文の勉強は、まず「真似」から入るのがベストだ。英会話など語学の勉強や古文・漢文の勉強と同様、口真似、書き真似を徹底して行うのが上達へのファースト・ステップと言える。

まだ論文の書き方に慣れていない人や、効率よく勉強したい人は、まず本書の解説を読み、解答案を書き写して覚えることから始めてほしい。ただし、丸暗記する必要はない。あくまでも、書いて写した解答案の論理展開を「再現できる」（自分で書き直すことができる・人に説明することができる）状態を目標に、筆写を行うのである。

☆【上級レベルの人】あるいは【まだ時間のある人】

ある程度書くことに慣れてきた人、トップレベル（国立後期・編入試験含む）を目指している人やじっくり取り組む時間のある人は、ぜひ自分で論文を書いてみて、解答案と見比べてみてほしい。また、解答案に敢えて反論を試みてみるのも、ハイレベルの論文を書くための良いトレーニングとなる。

(1) 問題を読む・考える、→ (2) 書いてみる、→ (3) 解答例と読みくらべる、→ (4) 手直しする、というサイクルを繰り返し、自分で書いた原稿のストックを最低でも、20 本ほど作ることを目標にしよう。

ここまでやれば、どんなタイプの問題が出されても、そのほとんどの問題に答えることができるようになっているだろう。医学部入試の小論文のテーマには、明らかな限定と傾向があるので、20 本ほどの執筆・考察経験があれば、少なくとも「一度は考えたことがある」、もしくは「何とか書ける」という状態になっているはずだ。

☆【医療のテーマ以外も学習したい人】

この本は、生命倫理と医療問題にテーマを限定しているが、ここで学んだ考え方は、さまざまな分野に応用可能な汎用性があり、これ一冊を仕上げれば、医学部入試のほとんどの問題に対応できる実力がつくものと自負している。

とはいえ、医学部に出題されるテーマは医療問題に限定されるものではなく、それ以外の頻出テーマについて勉強したい人もいるだろう。そういった向きには、巻末の「お薦めの書籍・参考図書」を見て、読書リストに加えてみるとよい。それら参考図書も、すべてのページに目を通す必要はなく、目次をみて、重要そうなテーマを選んで読むようにすると効率が良い読書ができる。

目 次
Contents

……序　章　医学部入試の小論文問題とは何か……

医学部の入学試験においては、ほとんどの大学において、小論文試験（または面接、あるいはその両方）が課されるが、その実態は多様である。単なる作文問題から、英文の科学論文を読ませる問題、資料読解型の問題まで、実にさまざまだ。

かくまでに多様な小論文試験のための対策など、不可能なのではないか。このように考える人もいるかもしれない。なかには、「全く意味がない」として、最初から勉強を放棄している受験生さえいるかもしれない。たしかに、多くの受験生にとっては、英・数・理などの学科試験の勉強だけで精いっぱい、小論文の対策などやっている暇などない、というのが実情かもしれない。

しかし、「はじめに」でも述べたように、現在の医学部入試においては、小論文試験の成績は極めて重視されている。とりわけ、「ギリギリ合格」のライン上にいる平均的な成績の受験生にとっては、**小論文や面接の出来が合否に決定的な役割を演じる**ことがある。

さらに、小論文は、準備・対策をしっかり行った受験生と、まったく行っていない受験生の間に大きな差が出てきてしまう科目である。したがって、十分な余裕を持って準備を行っておくことは極めて重要であり、また、多くの受験生にたいして大きなアドバンテージを得ることにもなるのである。**勉強せずに試験に臨むのは、実にもったいない。**

さっそく始めてみることにしよう。

＊＊＊＊＊＊＊＊＊＊＊＊＊＊＊＊＊＊＊＊＊＊＊＊＊＊＊＊＊＊

0-1. 小論文とは何か

医学部入試の小論文とは何か、を明らかにするのがこの章の目的だが、最初に、そもそも小論文とは何かについて確認しておこう。

「論文」とは、作文の一形態である。しかし、「たんなる作文」と論文は大きく異なる。「小論文」とは、字数の少ない「論文」のことであり、小論文はあくまで論文なのである。

では、答案として書かれた文章が、**「たんなる作文」ではなく、「論文」になるための条件**とは何であろうか。

作文が論文になるためには、ふつう、「客観性」や「論理性」が重要だ、と言われる。論文は、論じ極める文章である、という辞書的定義にしたがっても、当然、論理的であることや、（表現が）客観的であることが、論文に必要な要素であることはわかる。

しかし、論文には、上記の点に加えて、以下の**３つの要素を備えていることが条件**となる。

１つ目の条件は、**「問い」**である。ある**テーマ**が与えられたら（通常は「問題」や「課題文」によって与えられる）、そのテーマに関する問題意識をもとに、「問い」が立てられなければならない。「問い」のない文章は、日記や雑文の類であって、論文ではない。

２つ目の条件は、その「問い」に対する自分の**「答え」**となる意見・主張である。その「答え」がどのようなものになるかは、「問い」の立て方次第であり、のちに説明するように、常にYes, Noで単純に割り切れる「答え」が求められるわけではない。

３つ目の条件は、「答え」を導く**「論証」**（argument）である。論証とは、具体例や権威ある意見・情報など一連の証拠によって、自分の意見（答え）をサポートすることであり、それにはさまざまな方法がある。論証に用いる意見や事実のことを「**根拠**」や「**理由**」などというが、根拠・理由は、それ自体が正しく、自分の意見をきちんとサポートするものでなければならない。

自分の意見があっても、どうしてそのように言えるのかが示されていなければ、つまり論証がなければ、論文にはならない。新大久保界隈で「○○人は日本から出ていけ」などと示威行動（ヘイト・スピーチ）をしている人たちの意見は、論証がない、ただの「主張」であり、赤子がミルク飲みたいと言っているのと同じ低レベルの言語活動である。その主張の説得力はほとんどゼロに等しい。

【作文が論文になるための条件】

(1) 問題意識　≪問い≫

(2) 自分の意見・主張　≪答え≫

(3) 根拠から主張を導出する　≪論証≫

「何が問題なのか」（問い）を設定し、それに対する自分の意見・主張（答え）を明示する。そして、自分の主張の根拠を、正しい前提（明らかな事実・具体例、権威ある意見、定まった原理や原則等）から導き出し、ハッキリと提示する。これらの手続きを１つでも欠くものは、どんなに名文であっても、論文とは呼べないのである。ただし、小論文といえども、試験で課されるものであるから、設問の要求は絶対であり、「理由を述べよ」という「現代国語」的な問題には、理由だけを作文すべきである。

それから、もう１つ、重要なポイントがある。それは、**自分の立場に反対する・対立する意見を意識して書く**、ということである。

論文には、「問い」が必要であると述べたが、「問い」が発生するためには、テーマ・問題をめぐる立場・意見の争いがなければならない。哲学では、いままで誰も問題にすらしなかった問いを発見し、その問いをほとんど「一人」で引き受け、孤独に格闘している哲学者がいるが、そんな場合ですら、「そんなことは問題ではない」という考えとの争いがある。いわば、自己の中の他者との論争である。

論争がない「テーマ」には、そもそも意見を述べる動機がない。「地球は動いているか」というテーマには、論争や立場の違いが（少なくとも自然科学的には）存在しないから、あえて「問い」にする動機が起こらない。

同様に、**すべての人が同意する意見、反対の立場がほとんどありえない意見を、自分の最終的な意見とするのは、論文としては失格**である。根拠を添えて論証する意味がないからである。あえて答えにするまでもない意見は、論文の結論にしてはいけない。

そのような意見は、自分の意見をサポートする「根拠」「前提」として用いるべきである。哲学者の野矢茂樹も、「論証の前提としてであれば、誰もが認めるであろうことを確認しておく作業も必要なことである。しかし、誰もが認めることをとくに論証もなく結論として恥じないのは、まさに鈍感さ以外の何ものでもない」と述べている。(『新版・論理トレーニング』産業図書)

「命を粗末にしてはいけない」、「環境の保護は重要である」、「人にはお金より大切なものがある」等々、それ自体としては反論の余地のない意見を、自分の結論（最終的な意見・答え）として述べてしまうのは、何が本当に問題なのかが掴めていない証拠である。これは、自分の洞察力のなさを、採点者（大学の先生）に媚びることでごまかそうとする甘えた態度に起因するものだ。

小論文試験は、問いの設定から意見（答え）の論証まで、試験時間ギリギリまで考え抜いた成果を記す試験であり、教師が好みそうな「キーワード」や「合格フレーズ」で勝負する試験ではない。

0-2. 小論文試験とはどんな試験なのか

小論文試験とはどんな「試験」であり、何を試している「試験」なのだろうか。上位の成績をおさめるためには、そのあたりから正確に把握しておく必要がある。

◎小論文試験は、「問題」に答える「試験」である。

当たり前すぎて、かえって気づきにくいことであるが、小論文試験はあくまで、試験として行われるものである。つまり、試験には問題があり、その問題に答えなければならない。したがって、「Xについてどう考えるか」という「問題」であれば、「Xについてはこう考える」、と答えなければならないし、「Yとは何か」と聞かれたら「YとはZである」と答えなければならない。「問題」で問われていることにまっすぐ答える。これが、試験である。

小論文試験とは、ある「問題」について論文形式で「答える」試験であり、この点（問題に答えるという点）において、あらゆる他の学科試験や面接試験と変わるところがない。そこをきちんと踏まえておかないと、「問題」で問われていることから外れて、自分の勝手な意見を述べてしまったり、設問の指定を無視した解答を作ってしまったりすることになる。**設問の要求は、「絶対」である。**

小論文試験には、1行程度のテーマが与えられていて、それについて述べさせる問題のほか、課題文を読ませ、それを踏まえて論文を書かせるタイプの問題も多い。課題文の代わりに、資料やグラフが与えられる問題もある。いずれの場合も、求められていることは、テーマや課題文、資料に示されている趣旨を踏まえた「答え」である。ゆめゆめ、目につくキーワードだけに反応して文章を書き始めることの無いようにしよう。

なお、小論文試験の「**問題**」と、0-1 節で述べた「**問い**」は区別しておく必要がある。論文とは「問い」に対する自分の「答え」を「論証」を経て述べる文章であるが、試験の「問題」やテーマが与えられたとき、そういった**「問題」から「問い」を抽出しなければならない場合がある。**

「理想の医療について述べよ」という「問題」が出されたとする。この問題は、「理想の医療」というテーマが与えられているだけであり、そのテーマについて述べることだけが指定されている。「問い」に理由付きで（論証して）答えるのが論文であるから、このテーマを「問い」の形に変形しなければ答えは出せない。

たとえば、「私にとっての理想の医療とは何か」、「万人にとっての理想の医療はあり得るか」などとする。こうしてはじめて、答えを述べることができるようになる。この点は、のちにまた詳説する。

◎小論文試験の問題には、「Yes, No で答える」とは限らない。

小論文には、「問題」があり、その問題からさまざまな「問い」が出てくる。それらの問いに答えるのが論文になるのだから、答え（意見）が必ずしも Yes か No の形になるわけではない。答え方がどうなるかは、試験の「問題」の問い方、あるいは「問い」の設定の仕方によるのである。

第 1 章の問題 1-3 で改めて解説することになるが、問いには大きく分けて、**クローズド・エンド型**の（Yes, No で答えられる）問いと、**オープン・エンド型**の（何、いかに、なぜ、などの）問いがある。自分で「問い」を作らなければならないときも、無理に Yes,

No で答えられる問いにしなければならないというわけでもない。テーマに即した不自然でない「問い」を設定することが重要であり、答え方は、答える人の自由に任されている。

あるいは、「Yes, No」派の論文指導者は、単に「立場をハッキリさせよ」という意味で Yes, No で答えよ、と言っているのかもしれない（と譲歩してみる）。しかし、それでも、この提案は間違っている。論文試験で問われる問題の多くは、答えや立場がハッキリと割り切れる簡単なテーマではないからである。

ハッキリとしなければならないのは、問題に対する Yes, No ではなく、**自分の主張がどこにあるか**、である（たとえば、Yes でも No でもないのだ、とハッキリ主張する）。また、婉曲表現を避けるという意味で、「ハッキリ」書くことも重要である。

さらに言えば、論文試験での評価対象は、結論や意見そのものではなく、その結論に至るプロセス、つまり、論証の妥当性や例示の適切さ（＝思考の確かさ！）である。

難しいテーマというのは、ふつう、同程度に妥当性のある複数の意見がありうる。「情報化」について、「グローバル化」について、「環境問題」について、単純に Yes か No で（賛成か反対で）答えられるか、少し考えればわかるだろう。どんな試験であっても、そんな無茶な意見を求められはしない。

◎小論文の良し悪しは、やはり書くことの中身（内容）である。

「どんなことをいうかの前に、カタチや構成がある」というアドバイスがある。「型にはめれば、論文は書ける」、とその人は続けるだろう。しかし、何を言いたいか、何を書きたいかによって、論理の形式は異なるものである。つまり、中身がカタチを決めるのだ。

やはり、論文で重要なのは、「何を書くか」の方なのである。

本書に挙げた問題とその解答例を見ていただければわかると思うが、問題や問いの設定の仕方によっても、カタチは異なってくる。論文に必要な要素（「問い」、「答え」、「論証」）がある限り、どのような叙述の形式をとってもかまわない。

ただし、「カタチこそ重要」というアドバイスにも、耳を傾けるべきことがないわけではない。読みやすく、先が予測しやすい、叙述の順序が整った文章は、試験官・採点官のストレスを軽減してくれる、という効果がある。試験官・採点官は、一人あたり何十枚、何百枚という論文に目を通さなければならない。とある公立大学の先生によれば、乱筆であるという理由だけで読まれない答案すらあるらしいから、「読みやすさ」には徹底してこだわったほうが良い。

しかし、それでも、やはりカタチに中身を埋めていけばよい、ということには、決してならない。

◎「自分自身の体験をもとにして書こう」に注意。

自分自身の実体験や直接体験を具体例にして、自分の意見の説得性をアップしよう、というアドバイスも、よく見かける。しかし、このアドバイスの有効性は、**自分の実体験にどこまでの一般化可能があるかしだい**なのである。

論文には、意見の理由づけ（論証）が必要であるが、その方法は、さまざまであり、その説得性も論証の仕方により異なる。

具体例をもとに、自分の意見を根拠づける方法を「**例証**」という。**例証には、ふつう複数の事例が必要**であり、またその事例は、**他のさまざまな事例を代表するようなもの**であることが望ましい。

自分が経験した出来事が例証にふさわしい事例になっているかど

うかは、その体験がたまたまそうであったのではなく、他の事例を用いても同様の意見が導けるかを考えなければならないのである。

◎「独自の意見と個性」（インパクト）が重要なのではない。

断言してしまえば、大学入試レベルで求められている小論文の解答に、独自性やインパクトなどは期待されていない。どんな優秀な解答でも、過去の学者や偉人といわれるような人が、常に既に、考えている（世界は広いのである！）。

本当の意味での独自性や個性が要求されるのは、大学院の修士論文より上のレベルからである。入試の小論文試験で求められているのは、誰とも異なる独自性ではない（そんなものはありえない）。そうではなく、**与えられたテーマから適切な問いを取り出し、自分の問題意識としっかりした根拠に従って、正しい語彙と正しい論理で記述する能力**こそが、試されている能力なのである。

独自性や奇想天外な解答を求めるよりも、典型問題に対するオーソドックスな知識とアプローチを地道に勉強するほうが、試験で問われている能力の養成への近道となる。

試験では、どんな問題や課題文、テーマなどが出題されるかわからない。その無限の出題可能性の中で、自分の勉強した知識とアプローチを組み合わせて、自分の意見を構築していく。これ自体、立派な能力の発揮であり、個性の発揮であるといえる。

要は、極端さやユニークさ、インパクトなどを振りかざして論文を書いても、印象も悪くなり、失敗するだけだから、そういう奇をてらったことはやめた方がいいということである。

0-3. 医学部小論文試験とは何か

では、いよいよ、医学部の小論文試験の特殊性、すなわち他の学部の小論文試験との違いは何か、ということについて説明しよう。

◎医学部入試は、就職試験でもある。

何が言いたいのかというと、医学部の小論文試験には、**職業適性**も求められている、ということである。

医学部は（他の医療系学部も同様に）、入学＝「医師」への就職、が決まっている。もちろん、医学部を出て、医師以外の道に進む人もいるが、きわめて少数派であり、最初から医師以外の道を目指して医学部に入る人は皆無である。ということは、医学部入学試験とは、少なくとも日本においては、医師への就職試験でもあるのだ。

したがって、面接試験はもちろんのこと、小論文試験においても、**医師としての資質がないと判断されるような意見や立場の表明は、できない**ということになる。たとえば、「あらゆる場合において安楽死を認めるべきである」とか、「生命の尊厳はまやかしである」（ポスト・ヒューマニズム）とか、「地球環境保護のために人間がたくさん死んだ方がよい」（ディープ・エコロジー）などである。

これらの意見は、表面上の過激さとは裏腹に、哲学的・思想的意見として、真面目に議論されている立場であるが、医師として持つべき倫理観、職業意識としては、忌避されるはずのものである。少なくとも、現代の医療界では、このような思想は危険思想として扱われ、即刻「不適格」の烙印を押されて不合格となるだろう。

どうしても、信念から上記のような思想を捨てられない人がいたとするならば（いないと思うが）、その人は、医師ではなく、哲学者か思想家を目指して文学部にでも進むのがよいだろう。

◎医学部の小論文試験には、医療の専門知識は必須ではない。

国立大学後期試験などでは、資料読解型の小論文試験が課される。英文による「医療トピックの論文」の読解問題が出題される大学もあるので、「専門知識を勉強する必要がある」という誤解が生じる。しかし、繰り返しになるが、小論文試験で問われているのは、**医学・医療に関する知識そのものではなく、正確な読解能力と資料の分析能力、そして日本語の記述力・表現力**である。

入試で要求される知識水準は、英文読解や生物などの通常教科の勉強で対応できるものがほとんどなので、過去問を見て焦る必要はない。学科試験の勉強と、通常の小論文試験の対策を地道に進めれば、絶対にクリアできる（ただし、学士編入試験を受ける人は、大学によって大学学部レベル以上の生物学・医学の知識が必須であるところも多いので、事前の準備が必要となる）。

ぜひとも持っておきたいのは、医療の専門知識ではなく、**生命倫理学（医療倫理学）の基礎知識**である。また、**入門的な医療経済に関する知識**も、あった方が有利である。**生命倫理学・医療倫理学とは、医学が発達した現代における倫理的問題を扱う学問**だが、「インフォームド・コンセント」や「安楽死」の問題など、医学部の入試にも頻出するテーマとなっている。医療経済は、（一部の大学で）保険制度や高齢社会との関連で出題されるテーマで、国立後期試験や、編入試験を受ける人は、基礎的な知識を知っておく必要がある。

これらのテーマの学習は、とても重要であるにもかかわらず、重要性を認識している人も少なく、付け焼刃的に、ほとんど通り一遍のことしかやらない受験生があまりに多い。適切な教材はあるが、受験生向きの入門書は少ない。本書の執筆も、医療倫理の典型的で基本的なテーマについての入門的な概説を行うことを一つの目的としているが、それは、このような事情に鑑みてのことである。

医学部入試においては、医療の専門知識ではなく、医療倫理の基礎知識をしっかりと押さえておいてほしい。

◎時事問題への幅広い知識と意見が求められる試験ではない。

いわゆる「時事ネタ」に関する誤解も多く存在する。たしかに、時事問題への関心は持っていてよいものであるし、むしろ積極的に時事問題を勉強することは望ましいことでもある。

しかし、この誤解も、医療知識の問題と同じである。医学部の小論文試験で問われているのは、時事問題の知識そのものではない。ニュースを知っているか、知らないかではなく、問題の「答え方」「論証」「思考プロセス」が問われているのである。知識量をやみくもに増やすことよりも、むしろ、「どのように考えるか」、を学ぶことが先決である。

その「どのように考えるか」は、先に述べた、生命倫理学や医療倫理学などの「典型的なアプローチ」を学ぶことによってトレーニングすることができる。

医療以外の時事問題を学ぶときには、短期的・一時的なニュースよりも、少子高齢化、情報化、エネルギー、環境など、社会的な中長期の課題になるテーマを選択的に、少しだけ深く勉強しておくのがよい。なお、センター試験の「倫理、政治・経済」「現代社会」を選択している受験生は、テーマを拾える点で有利だ。

◎なぜ（医療・生命）倫理学の基礎を学ぶのがよいのか？

繰り返しになるが、本書は、小論文入試のための演習書だが、「医療倫理」「生命倫理」の入門的な概説書を兼ねている。生命倫理学（医療倫理学）の基礎知識を学ぶべきとも述べたが、それはなぜなのか。

医学部の入学試験では（他の入試もほぼ同様だが）、講堂や教室に集められた受験生が、時間内に、与えられた課題文や資料以外は何も見ることなしに、解答案を作成する。当然、調査したり、実験したりした結果を答える、大学の「レポート」や「論文試験」とは異なるものである。

そこから言えるのは、受験生は、論文試験中は、あらたな事実や証拠（エビデンス）を手に入れることができず、すべてを自分の頭の中と、与えられた資料に求めなければならないということである。

したがって、出題する側も、**「その場で考えればわかる問題」**を作成することにならざるを得ない。**「調べなければわからない問題」**を出すわけにはいかないからである。

さらに、論文試験は、英・数・理科の科目試験とは「別に」出題するわけだから、**科目試験では問えない能力を問う**ことになる。それは、国語的な能力であったり、言葉での推論能力であったりするわけだが、医学部入試に文系的教養に関するテーマの出題が（意外にも）多いのは、そのような事情による。

その場で考えればわかるかもしれず、科目試験で問うていないような「問題」として最適なのは、**ある出来事や考え方に対する「価値評価」を問う問題**である。**価値評価とは、「〜は良い、悪い」とか、「〜べき、べきでない」を述べること**であるが、このタイプの問題であれば、「知っている・知らない」によって有利不利が決まらないし、受験生の頭の中だけで、（「とりあえずの」ではあるが）解答を得ることができる。つまり、思考実験が可能なテーマということである。

こうして、ある事象や考え方に対する「価値評価」を問う問題が入学試験の「典型問題」となるのである。「社会はどうなっているのか」という問題は少なく、「社会はどうあるべきか」、「どういう社会が良い社会か」という問題が多くなる。「再生医療とは何か」と聞いてくる問題はほとんどないが、「再生医療の進展に伴う問題点」を聞く問題はある。つまり、物事の「良し悪し」や「べき論」を問う問題が、圧倒的多数となるのである。

これも繰り返しとなるが、論文は、問いに対して、自分の答え・意見を、理由・根拠を添えて（論証して）述べるものである。理由・根拠には、自分の体験などの事例・具体例や、世の中の事実、常識、報道されたニュース、などを持ってくることができるが、これらは常に「不確実」である。

そのようなときに**役立つのが、物事の「良し悪し」や「べき論」を追究する学問＝倫理学**である。もちろんここでは、広い意味での倫理を研究する学問ということで、社会学や哲学、政治学や経済学を入れてもかまわない。いずれにしても、倫理学には、さまざまな価値評価や方法に関する議論の蓄積があって、そこから学ぶものは大きい。しかも、**論証を行う際の「確実」な根拠として使えるさまざまな考え方を含んでいる**。

とくに、医学部においては、医療に関するテーマが取り上げられることがやはり多いから、倫理学でも、その応用部門である「生命倫理・医療倫理」の基礎事項を入門的に学んでおくことは、試験対策としても、きわめて有効なのである。

0-4. 小論文試験「解答」の書き方

論文とは何か、「単なる作文」と「論文」の違いと注意点、医学部小論文試験で問われていることについて説明してきた。以下では、小論文試験の解答としての「論文の書き方」について、手順とポイントを実例に即して説明する。

医学部入試過去問を使って、解答案作成のプロセスを見ていくこととする。まずは、手順のイメージをざっくりと掴んでほしい。

■■例題■■
仏典に由来する「嘘も方便」ということわざについて、あなたの考えるところを述べなさい。（字数600字前後）
［2006年度昭和大学医学部二次試験問題（改題）］

（1）「問題」から≪問い≫を引き出す

問題には、必ず「テーマ」が提示されている。しかし、**多くの場合、いきなりテーマそのものを論じると無理が生じる**。解答を作成する最初のポイントは、**与えられた問題＝テーマから、自分の関心のある≪問い≫を見出す**ことである。

まず、問題文に示されたテーマにおいて、疑問に感じたり、反感あるいは共感を持つような自分自身の問題≪問い≫を見つけることから始めるのである。そうして見出された新たな≪問い≫に対して答えを考えていくのが、論文作成の第一歩となる。

では、実際にこの出題のテーマから、自分自身の≪問い≫を見つけ出してみよう。とにかく、反感でも共感でも、「心の引っかかり」

を探るとよい。テーマ（この場合は「嘘も方便」）が、まさに問題となってくるような「具体的場面」を想像したり思い出したりすることも1つのコツである。

答えを論じる「フィールド（領域）」を絞ることも重要である。たとえば、このテーマの場合は、「医療という領域」における「嘘も方便」について考えてみるのはどうだろうか。こうすることで、問いが具体的になり、考えるべきことも明確になるはずだ。

患者への病名告知・治療方針の説明の場面などが例として挙げられるが、どのような場面を設定しても、不正解ということはないので、自分が一度考えたことがあるような分野を探すのもよいだろう。

以上のようなプロセスを経て、≪問い≫が引き出された。ここでは、「医療現場における『嘘も方便』は、実践的な行動指針になるだろうか」、という≪問い≫について考えてみることにしてみよう。

（2）≪問い≫に対する≪答え≫を考える

次にやることは、見出した≪問い≫に対する≪答え≫を探る作業である。ここでは、さしあたり、「実践的な行動指針にならない」という≪答え≫を立ててみることにする。

そして、ここで**異論・反論の可能性を検討**する作業に移る。自分の意見とは反対の「嘘も方便が実践的な行動指針になる（役立つ）」場合を考えてみるのである。このように、自分の≪答え≫とそれへの反論、反論への再反論を繰り返し、自分の答えが正しいかどうかを吟味していく。

問い ⇒答え ⇒反論（問い）⇒再反論（答え）を考えながらメモを作成し、反対意見を持つ人が納得してくれそうな道筋を浮かび上がらせていく作業を続けてみよう。実際の試験では、試験時間の3

分の１程度の時間を使ってこの検討作業を行う。

（3）≪論証≫を行う①　[事例からの論証＝例証]

「『嘘も方便』は実践的な行動指針にならない」は、どうして正しいと言えるのだろうか。最初は直感的に正しいと思った意見でも、ほんとうに正しいと確信し、反対論者を説得することができる意見にするためには、**確かな前提を根拠にして自分の主張を導く、≪論証≫のプロセスが必要**になる。

まず、経験的な事実や実例を挙げ、それを根拠として用いる方法がある。これは、「**例証**」とか、「**事例からの論証**」と呼ばれる。

例証を行う場合、「父が末期がんに侵されたとき、医師が本人へ正しい告知をしなかったために、余生を充実して過ごすことができなかった」とか、「本人の心の弱さを慮り、嘘の告知をしたが、その結果、無用の混乱を引き起こした」とか、このようないくつかの悪い帰結を引き起こした事例を挙げることができるだろう。

ただし、これらの事例が、例証を行う根拠としてふさわしいかどうかについては検討が必要である。事例からの論証を行う場合、**その事例を一般化することが可能か（どんな場合にも当てはまるか）を考慮しなければならない**。取り上げる事例が、たまたま自分だけに起こった事例でないかどうかを慎重に検討してほしい。

さて、「例証」を行おうとして挙げられた事例は、確実な根拠になりえただろうか。ふつう、**事例を一般化して述べるには、複数の事例が必要となる**か、もしくは「**反対事例**」**があり得ない、成り立たないことを示す必要**が生じる。

しかし、上記の解答プロセスで見出された「父が末期がんに侵されたとき、医師が本人への正確な告知をしなかったために、限りある余生を充実して過ごすことができなかった」という事例は、一般化は難しそうであることがわかる。なぜなら、「嘘も方便」が、むしろ良い結果をもたらす事例（正しい告知がされた故に、生きる気力がなくなってしまった、というような事例）も、同様に見出すことができそうだからである。

（4）≪論証≫を行う②　［原則からの論証］

論証のために用いることができる確かな根拠としては、経験的事実や事例のほかに、**権威ある学説や有力な意見**も有効である。とくに、**学問的に認められてきた一般原則**（principles）は、適切に用いれば強力な根拠となりうる。

「原則」あるいは「原理」とは、もともとは「起源」という意味を表し、学問的議論を行う場合に、最初に置かれる言明を指していた。簡単に言えば、それ以上さかのぼったり、その根拠を示すことができなかったりするような考えや主張のことである。

たとえば、「人を殺してはいけない」や、「盗んではいけない」などの倫理原則は、さしあたり、それ以上根拠を求められないような類の主張と考えられる。これらが一般原則と言われるものである。この２つの主張はいずれも、キリスト教の聖書や仏典にも見ることのできる普遍的な考えとして、ほとんどの人が否定できない（同意できる）意見である。

もちろん、「なぜ人を殺してはいけないのか」とさらなる根源を問うことは可能である。哲学や社会学、他の学問領域においても、原理とみなされるような基礎的な主張の、「究極の根拠」への探求は、いまなお続けられている。しかし、字数の少ない小論文レベルの論証においては、一般的な原則や原理を自分の意見の「根拠」として用いるのは、許されるどころか、推奨されるべきものである。

医療系学部の入試小論文で問われることの多い「生命倫理」の分野でも、「一般原則」と言われるものが、いくつか存在する。答案を作成する受験生としては、こういった原理や原則を理解し、覚えて、使いこなせるようになることを目標にしてほしい。やみくもに「時事ネタ」を仕入れるよりも、ずっと素晴らしい論文を作成できるようになるはずである。

たとえば、「嘘も方便」を否定する最も有名な原理・原則としては、近代最大の哲学者**カント**の「嘘をついてはならない」がある。この原則は、「**他人に対する完全義務**」と言われ、「どんな場合でも」という強い主張が付け加えられる（この解説は割愛する）。

医療に関する原則としては、**アメリカの倫理学者ビーチャムらによる原則**が提案され、広く認められている。ビーチャムらによって整理された医療倫理原則は４つあり、以下のとおりである。

【ビーチャムらによる医療倫理原則】

(1) 自律原則：患者の自律＝自己決定の尊重
(2) 与益原則：患者の最大の利益の尊重
(3) 無加害原則：治療に必要なこと以外で患者を傷つけるな
(4) 正義原則：医療資源の公平・公正を図るべし

上記のうち、今回の問題に関わるのは、(1) と (2) の原則である。「**自律**」（autonomy）とは、**自分のことは自分が一番良くわかっているはずだから、自分ことは自分で決める（律する）べきである**とする考え方である。この場合、**自律**と「**自己決定**」（self-determination）

は、ほぼ同じ意味を表している。この原則を根拠として受け入れれば、「嘘も方便」を否定する論証を行うことができる。

一方、(2) の「**与益原則**」とは、「**患者の最大の利益を尊重せよ**」という医療従事者への義務のことである。では、「嘘も方便」が患者の役に立つ＝最大の利益になる場合があるだろうか。もしあるならば、「嘘も方便」は、医療倫理の第２原則（与益原則）に基づいて肯定されることになるだろう。

しかし、「患者の利益になる」とは、厳密にはどういうことなのかをよく考えてみると、与益原則によって「嘘も方便」を根拠付けることはできないことがわかる。というのも、**患者の「利益」＝患者の「幸福」**と考えるならば、他人である医師や医療従事者が、嘘によって患者に幸福がもたらされるかどうかを判断することは不可能だからである。せいぜい医師にできることと言えば、患者の身体的利益を想定し、それを提供することだけである。

むしろ、「嘘も方便」により、長期的に見た患者の利益が損なわれることすらありうることを考えると、「嘘」は医療倫理の第２原則＝与益原則「患者の最大の利益の尊重」にも反するから許されない、という論証が可能になるだろう。

（5）答案論文を作成する

以上のプロセスによる検討を踏まえ、解答用紙に答案を書き始めよう。「考えながら書く」ことは最小限にしよう。検討途中で答え（意見）や用いる根拠が変わるかもしれないから要注意である。

■■解答案■■

「嘘も方便」とは、嘘はそれ自体は悪いことだが目的によっては良い場合もあるという意味のことわざである。以下、「嘘も方便」が、医師の行動指針として成り立つかについて意見を述べる。

私は、嘘も方便は、医療現場においては否定されるべき指針であると考える。たとえば、治療途中で嘘が発覚した場合、はじめから正しい告知を受けた時よりも動揺が大きくなる場合があるし、インフォームド・コンセントを取らなかった医師の言い訳に使われるという危険も避けられないからだ。

一方、末期がんの告知では、患者の心理状況を考え、嘘を告げることが患者の最大の利益になる場合もあるとする反対意見も想定される。たしかに、嘘を告げることによって、患者に心理的なストレスを感じさせずに、スムーズな治療を施すことが可能となる場合も実際にはあるだろう。しかし、患者の最終的な利益とは本人の幸福にほかならないとすれば、嘘の告知が患者本人の幸福につながるかは定かでない。それどころか、嘘は、患者の自律の尊重という、個人の自由を支える重要な原則を侵すことになる。また、患者に残された人生を有意義に過ごせなかったならば、患者の利益を損なうことにすらなりうる。

したがって、実際上起こりうる不都合な事例からも、患者の自律と最大の利益の尊重という医療原則からも、嘘も方便は、医師の指針としては否定しなければならない。（575字＋改行）

……第1章　医師像／医師のあり方とコミュニケーション……

第1章では、理想の医師像をはじめとする、医学部最頻出のテーマへのアプローチについて解説する。面接試験における質問でも、よく問われる内容だから、医学部志望者すべてが最初に取り組むべきテーマであると言える。

＊＊＊＊＊＊＊＊＊＊＊＊＊＊＊＊＊＊＊＊＊＊＊＊＊＊＊＊＊＊

1-1. 理想とする医師像について書く

■■問題 1-1 ■■

以下の文章を読んで、問いに答えなさい。

［信州大学医学部 2011 年度前期］

医療を支えるものは何か

皆さんは映画にもなった小説『赤ひげ診療譚』をご存知であろう。赤ひげは献身的な医療を実施している江戸時代のドクターである。若い研修医が眠いというと、赤ひげは「医者は人間ではなくまず医者である」と説く。精神論ではあるが、我々医者は若いころからこうした教育を受けてきたのである。このため相対的に安い給料にも甘んじてきた。

ジョンズ・ホプキンス大学等で教鞭をとったウィリアム・オスラー医師の『平静の心』（オスラー、1983）によれば、「医師は患者に始まり、患者とともにあり、患者と共に終わる」と述べられている。こうした倫理感が「医療の心」だったわけである。

私が専門としている、医療経済学や医療経営学とは、医療とお金という一見関係性のない両者の間の折り合いをつけるものといえるかもしれない。医療と保険の関係がそのひとつであろう。医療とは、患者さんとの相談のもとに、病気に対して最善の治療法が選ばれ、病気の治癒、改善を目指すものである。これが医師の信念であった。

日本では保険制度があり、大半の治療に対して、保険制度を通して国からの保障がある。したがって、日本ではほとんどの人が、本来は高額なはずの治療であっても、保険によって比較的負担が少ない形で加療することができる。つまり、お金の前に医療がある。

アメリカでは、受診するとなった時、病院は最初に、保険証を持っているかと尋ねてくる。保険証を持っていると答えると、さらにどんな保険に入っているかを問われる。たくさん保険料を払って、よい保険に入っていれば、質の高い医療を受けられるが、そうでなければ、受けられる医療の質は低下する。保険証の有無・種類によって、受けられる医療に違いがある。医療の前にお金があるのだ。

（中略）

赤ひげ医師は、実は採算をまったく無視した医者というわけではなかった。貧しい患者からは医療費を取らなかったが、裕福な患者には高額な医療費を請求した。いわば資源の再配分をしていたのである。また患者を救ったという満足感や、市民からの尊敬といった精神的な価値が赤ひげ医師のモチベーションになっていたことは間違いない。これに現代の日本で働く医者はどう向き合えばいいのか。

手塚治虫の同名の漫画の医師である黒いマント姿にツギハギの顔のブラック・ジャックは、天才であるが無免許の医師である。法外な料金を代償に、さまざまな怪我や難病を治療していく。

手塚治虫によれば、「ブラック・ジャックは医療技術の紹介のために描いたのではなく、医師は患者の延命を行うことが使命なのか、患者を延命させることでその患者を幸福にできるのか」、などという医師のジレンマを描いたという。ブラック・ジャックと同じく医師であり天才である手塚にとっては、医療制度などは問題ではなく、その背景にある本質的な問題をとらえたかったのであろう。そして、このジレンマに対しては医師は学んできた。対処するように教育を受けてきた。ここで、ブラック・ジャックについては、もう一つのポイントがある。

ブラック・ジャックは自由診療である。卓越した技術によって人命を救うが、高価な請求を行う。医療制度など関係ない。必要があれば行き手術を行う。そして時には高価な請求を行い、時には人情的な動きもする。これが日本の外科医志望者の源流かもしれない。また赤ひげは現在のかかりつけ医の源流であろう。

（中略）

このように、医師や看護師が経済や経営を無視していいわけではない。問題は、まさにその折り合いである。しかし、現在は、利益の追求が求められている、あるいは医療者から見れば、求められているように強く感じる現状がある。それが医療者としての価値観との齟齬を起こし医療者のアイデンティティ・クライシス、ひいては医療崩壊につながっているのではないか。

［出典：真野俊樹『グローバル化する医療』岩波書店 (2009)］

問：著者は医師像を、ブラックジャック型（最先端医療専門医）

と赤ひげ型（地域のかかりつけ家庭医）の二つに分けて論じている。あなたの目標とする医師像が、（１）ブラックジャック型、（２）赤ひげ型、（３）両者の混合、（４）両型のいずれにも該当しない、のいずれかを、その理由を明らかにして600字以内で述べてください。

（1）問題 1-1 の解説

この種の問題の「問題点」は、出題者の意図の捉え難いところにある。論文を書かせようとする問題なのか、あるいは単に、受験生の態度・考え方を書かせようとする（作文）問題なのか、わかりにくいところが確かにある。しかし、問いの中に「その理由を明らかにして」と書いてあることから推察できるのは、少なくとも、しっかりした根拠から主張を導くことができているかどうかが大切だということである。出題者は、きちんとした「論文」を書いてほしいと考えている可能性が高い。

実際の入試において「あなたの理想の医師像は何か」というような問題が出された場合は、単なる作文ではなく、「論文」として書くほうがよい。つまり、今回の出題に対するのと同じように、客観性をもつ根拠・理由を用いて主張を展開するとよい。仮に、出題者が、単なる「心構え」（私はこのように頑張ってこういう医師になりたい等）を述べさせる「作文」レベルのものを求めていたとしても、「論文」を書いて落とされることはない。実際には、作文程度のもので合格できる試験であればなおさら、論文を書けば上位の点数で合格できる。安心して「論文」を書くようにしよう。

さて、この問題へのアプローチを説明しよう。

課題文が提示され、その後に問いが出されているようなタイプ（課題文読解型）の解答を作るときには、まず、課題文に書かれてある論点を明確にしておかなければならない。

課題文の論点は、「お金と医療」である。課題文の著者は、「お金の前に医療がある」従来の日本型のシステムと、「医療の前にお金がある」アメリカ型のシステムを比較し、アメリカ型に移行している（＝利益の追求が求められている）ことが、日本における医療者のアイデンティティ・クライシスや医療崩壊の原因になっていることを説いている。

アイデンティティ・クライシスとは、直訳すると、「**自己同一性の危機**」、あるいは「**自我の危機**」という意味であるが、もっとわかりやすく説明すると、「（医師が）自分が何を目的として、何のために医師をしているのかわからなくなっている危機的状態」ということである。著者によれば、「患者を救ったという満足感」「市民からの尊敬」「患者の幸福」「人情」など、医師としての精神的な価値（＝医師である目的）と、「利益追求」というアメリカ的・資本主義的価値の「折り合い」がつけられなくなっている現状が、医師のアイデンティティ・クライシスや医療崩壊の原因であるというのだ。

ここで注意をしてほしいのは、課題文の論点でフォーカスされているのは、「お金」と「医療（医師としての価値観）」の対比構造であって、「赤ひげ型」と「ブラックジャック型」の対比構造ではないという点である。赤ひげもブラック・ジャックも、“実際には”、裕福な患者からは高額な医療費をとり、貧しい患者からは医療費を取らない、「人情的な動き」もしていたのである（山本周五郎原作の小説や手塚治虫の原作を読まなくとも、本文に書いてある）。

赤ひげは「かかりつけ医の源流」として、ブラック・ジャックは「外科医志望者の源流」として、それぞれの医師のタイプのモデルとなっているが、どちらもある意味でお金との折り合いをつけていたのである。

赤ひげは江戸時代の人、ブラック・ジャックは無免許医で、どちらも「自由診療」をしている。これが、現代の日本の医師との違いである。解答を作成する受験生の皆さんは、現代日本の医療保険制度の中で、経済合理性や経営目標など「お金」の問題と折り合いをつけながら、どちらのタイプの医師を目指すのかを答えなければならない。課題文を無視して答案を作成することのないように気をつけてほしい。

（2）問題 1-1 の解答案

以下の解答案は、そもそもの**医師の目的を「患者を死から遠ざけること」と定義**し、その目的に沿うように自分の目標を設定させることで組み立てた。

課題文から読み取った、「お金と医療」のジレンマという論点への言及も忘れないようにしたい。解答案では、自分の選択が長期的には「社会全体の医療コストを下げる」のに役立つことを述べておいた。

■■解答案 1-1 ■■

私の目標とする医師像は、最先端の医療知識を持つ専門医である「ブラックジャック型」である。以下、その理由を述べてみたい。

そもそも、医師の目的は、病気を治療することである。治療とは、究極的には患者を死から遠ざけることに他ならない。したがって、死の危険にある人を優先的に救うことは、医師に要請されている義務だと言ってもよい。実際、難病に苦しむ人の多くは、治療法や治療薬が確立されていないために死と隣り合わせに生きている。緊急性と重症度が高いにもかかわらず、本来であれば最優先で受けられる治療が受けられないでいるのである。

たしかに、病気の予防、日常的な軽度の疾病の治療なども、医師としての役割の一つである。しかし、これらは公衆衛生や日常的な健康管理により対応可能であるし、また、コ・メディカル(注1)の業務拡大によって対応可能な分野でもある。むしろそうすることで、社会全体の医療コストも抑えられるはずだ。

他方、重篤で死の危険にさらされている人の治療に必要な専門医は希少である。先端医療の専門医が増えることにより、臨床応用がさらに進み、高度な技術を安全かつ安価に提供できるようになるだろう。私は、せっかく医師になるならば、先端医療専門医を目指したい。こうして専門に特化することによって開発された技術や治療法は、時がたてば一般に普及し、最終的には多くの患者のメリットになるからである。(582字)

注1:コ・メディカルとは、医師以外の医療従事者を意味するが、①意味(対象者の範囲)の不明瞭さ、②「コメディー」(喜劇)という言葉を連想させる、③医師と医師以外を差別的に区分するニュアンスをもつ、などの理由により、使用を避ける人も多い。
政治的に不適切(PC)な用語ではないから、使っても問題ではないと思われるが、字数に余裕がある場合や気になる人は、使用を避けるのがよいだろう。

1-2. 医療における「リスク」を考えさせる問題

■■問題 1-2 ■■

以下の文章を読んで、問いに答えなさい。

［自治医科大学医学部 2011 年度 出題文 2］

「ノーゴー」の決断

スペースシャトル・チャレンジャー爆発事故（1986 年）の原因調査が進むにつれて、驚くべき事実が明らかになってきた。

スペースシャトルは、打ち上げ時に強力な推力を得るために、巨大な主燃料タンクの両脇に一対の固体燃料ロケット・ブースターをつけている。固体燃料ロケットの外壁は、4つの円筒をつないだ構造になっていて、接合部はガス漏れ防止のために合成ゴム製のリング（その円形の形状から「O（オー）リング」と呼ばれる）とパテでシールされている。

ところが、大統領任命の事故調査委員会の調査が進むにつれ、重大な事実が次々に明らかになってきたのである。謎解きの鍵は、右側固体燃料ロケットの最下段接合部に生じた異常の解明にあった。打ち上げ時のテレビ映像や写真を解析したところ、固体燃料ロケットに点火直後（0.6 秒後）、つまりチャレンジャーがまだ発射台にいる段階で、問題の接合部から黒い煙が噴き出し、さらに 59 秒後の上昇中には、炎が現われはじめていたことが明らかになった。

いったい接合部に何が起きたのか。まず最初の黒い煙は、合成ゴムとパテが焼けたために発生した可能性が強いと推定された。合成ゴムとパテが焼けるというのは、それだけの炎あるいは熱が内部から一瞬のうちに伝わるだけの“ガタ”が生じていたことを示すものである。では、その“ガタ”はなぜ生じたのか。そこで着目されたのは、打ち上げの数日前からフロリダ地方を襲っていた寒波の影響だった。この寒波は避寒地として知られるフロリダ地方の気温を数日にわたって摂氏零度前後という異常な低さにし、特に発射台で吹きさらしになっている右側固体燃料ロケットの表面付近温度は、一時は氷点下22度まで下がっていた。

「Oリング」の合成ゴムは、低温になると弾力性が低下し、十分な隙間ふさぎの役割を果たせなくなる。しかも、そうした低温化におけるこのロケットの安全性については、設計基準の考慮外だったのだ。

そうであれば、安全性確保の条件が満たされていないのだから、打ち上げを中止すべきであることは、素人でもわかることである。ところが、NASA（米航空宇宙局）は発射に対し「ゴー」の決定を下した。「ノーゴー」の決断は下さなかったのである。そこで事故調査委員会の調査と議論の焦点は、NASAの打ち上げ決定の経緯の解明へと移った。

固体燃料ロケットの製造メーカーであるサイアコル社の打ち上げ現場責任者アラン・マクドナルド氏が、聴聞会で証言したところによると、打ち上げ前日、同氏は異常低温の情報に驚き、これでは安全性を保証できないとして、ユタ州ワササチにあるサイアコル社工場の技術陣に検討を要請するとともに、NASAの責任者に対しても、打ち上げ中止の申し入れをした。サイアコル社の技術陣はほぼ全員、打ち上げに反対であったが、NASAの責任者は、「4月まで（春がくるまでの意）待てというのか」とまでいって、打ち上げへの同意を迫った。サイアコル社とNASAとの議論は激しいものであった。サイアコル社側は、ついに折れて、副社長が同意書にサインをしたという。

NASAの責任者がなぜ強引に打ち上げを決行しようとしたのか、その理由としては①年間15回という過密なスペースシャトル打ち上げスケジュールをこなさなければならないのに、今回のチャレンジャー打ち上げはすでに２度もトラブルが生じて延期していたこと、②マコーリフ先生による宇宙からの授業を全米の子供たちが待っていたこと、③その日は、レーガン大統領が議会における年頭教書演説でスペースシャトル計画の成果についても話す予定になっていたことなど、政治的な判断がからんでいたことが指摘されている。

しかし、技術の論理というものは、冷酷なまでに貫徹される。技術的に安全性が保証されないとなったら、やはり保証されないのである。いくら組織の経営管理者側が「大丈夫だ」といっても、そんなものは安全のための何の支えにもならない。

そこで私が思い出したのは、アポロ宇宙船による月飛行のころのことである。当時、私はNHKのアポロ特別報道のスタッフとして、ニュースや番組の制作と放送にあたっていた。とくに1969年７月のアポロ11号のときは、人類初の月着陸だというので、打ち上げから月着陸、そして帰還まで、すべての局面を追った大規模な放送計画が立てられた。

それぞれの飛行段階に対応した適切な番組を準備するには、飛行計画を正確に把握しなければならない。そこで私は、現地取材班から取り寄せたアポロ11号の詳細な『飛行計画書』を詳しく読んだ。そこで初めて気づいたのは、飛行がある段階から次の段階に入る度に、必ず、

「ゴー・オア・ノーゴー」（Go or no go）

の関門が設定されていることだった。所定のチェック項目が全

部クリアされなければ「ノーゴー」なのである。この「ゴー・オア・ノーゴー」の関門は、打ち上げ直前のチェックにはじまって、帰還して着水するまで、実に多かった。

ちなみに、月着陸の際には、高度を下げてきた月着陸船が着陸の11分53秒前にファイナル・アプローチ（最終進入）のコースに入るのだが、いよいよファイナルに入るときに、「ゴー・オア・ノーゴー」のチェックと判断をしなければならなかったし、ファイナル・アプローチが順調にいっても、最後にエンジンをカットして着地する直前に、もう一度、「ゴー・オア・ノーゴー」のチェックと判断をしなければならないようになっていた。

アポロ11号は、打ち上げから月までの飛行、そしてファイナル・アプローチまで、「すべて順調」に飛行したが、最後の着陸段階になって、アームストロング船長がいよいよエンジンを切ろうとしたとき、眼下に広がっていたのは、フットボール競技場ほどのクレーター（穴）であった。アームストロング船長は「ノーゴー」の判断をし、エンジンを切らずに、月着陸船をホバリング（空中停止飛行）させた。そして、クレーターを避けて平地を探し、飛行計画より約40秒遅れて、「ゴー」つまりエンジン・カットの決断を下し、みごとに人類初の月着陸に成功したのであった。

飛行計画のいたるところに登場するこうした「ゴー・オア・ノーゴー」の関門を見たとき、私は、アポロ計画による宇宙飛行と月着陸への挑戦が、いかに慎重に石橋をたたきながら進められるようになっているかを認識させられたものだった。そして、その後のスカイラブやスペースシャトルの打ち上げの際、ときおり延期されたというニュースに接すると、打ち上げ前のチェック関門で責任者が「ノーゴー」の判断をしたのだなと、私なりの解釈をして見ていた。

これまでスペースシャトルが大事故を起こさなかったのは、何らかのトラブルが発見されたときに、適切に「ノーゴー」の決断がなされてきたためであったといってもよかろう。これはスペースシャトルだけの問題ではなく、どんなシステムにもあてはまることであって、システムを破局への突入から救うのは、まさに「ノーゴー」の決断なのである。

だが、「ノーゴー」の判断は、やさしいようで難しい。とりわけ国家的要請とか会社の要請、あるいは対外的なメンツなどの事情がからむと、ひたすら「ゴー」に走りがちである。

1975年６月、ニューヨークのケネディ空港に着陸しようとしていたイースタン航空のボーイング727が、滑走路の手前で雷雨にともなう激しい下降気流に遭遇して高度を失い、墜落炎上した事故があった。これは、当時まだ未知であったダウンバースト（発達した積乱雲の下底に発生する強烈な下降噴流）という異常な気象現象によるもので、必ずしもパイロットのエラーとはいえなかった。ただ、イースタン航空機はそういう悪気象を避けられなかったのかという観点から見ると、パイロットの判断に問題がないわけではなかった。

このイースタン航空機の直前に進入降下していた同じ会社の別の便が、あまりの気流の悪さに着陸を断念して、ゴーアラウンド（着陸復航）をしていた。これに対し、墜落した機の機長は、着陸復航した先行機の交信を聞いて副操縦士に、「あいつはバカだな。あの連中、自分で責任をとるのかな」と話していたのが、ボイスレコーダーに記録されていたのである。この機長は、おれならうまく着陸してみせると考えたのであろう。そして、あえて「ゴー」の考え方をした背景には、燃料節約という会社の要請や機長の腕前のメンツの意識があったに違いない。いざとなると、「ノーゴー」の決断をするのは、難しいものである。

さまざまな事故の経緯を調べてみると、このように「ノーゴー」をためらって、「ゴー」の判断をしてしまった例が、非常に多い。

かつて日本航空社長だった松尾静磨氏（故人）が、「臆病者といわれる勇気を持て」といったことがある。「ノーゴー」の判断をすると、スケジュールが遅れるため、非難されたり嘲笑されたりすることさえある。中曽根首相が外遊に出発しようとしたとき、専用機にトラブルが生じ、出発が大幅に遅れたことがあった。自民党やマスコミは日本航空を非難したが、たとえ首相専用機であろうと、「ノーゴー」の決断をすべきときには、「ゴー」のサインを出してはいけないのである。

チャレンジャーの発射に、NASA の責任者が「ゴー」の決定を下したのは、既述のように技術的な判断からでなく、政治的な判断からであったに違いないことは、容易に想像できる。そして、そういう政治的な判断、あえていうなら不純な判断こそ、アポロ計画以来のアメリカの有人宇宙飛行の輝かしい安全の記録を、一挙に台無しにしてしまったのである。

NASA の責任者が、いかに日程やメンツを優先させていたとはいえ、これがスペースシャトルの最初の打ち上げであったなら、「4 月まで待てというのか」などという乱暴なことはいわなかったであろう。そういう強引な判断の背景には、スペースシャトルの打ち上げがすでに 24 回もうまくいったという慣れから来る慢心があったに違いない。慣れというのは、怖いものである。「ゴー・オア・ノーゴー」の適切な判断は、初心を忘れない慎重さがなければできるものではない。

チャレンジャー爆発の惨事は、安全の大原則をあらためて教えてくれたといえよう。

［出典：柳田邦男『事故調査』新潮社 (1994)］

問：医療現場における決断において、「医療」が「宇宙や航空」と、同様な点と異なる点とを記せ。（400 ～ 500 字）

（1）問題 1-2 の解説

長文の課題である。自治医大の２次試験では、長文が２つほど提示され、現代文読解問題と、意見論述問題が分けて出題される。上記課題文の問題は、「読解」を試す現代国語の要素が大きい。一般的な科学（物理学）の応用におけるリスクの問題を、課題文からしっかり読み取ることが先決だ。

次に、医療におけるリスクを、自分の知識の中から探し、それらリスクを比較検討する。字数からして、「自分の意見」を入れている余地はないだろう。

では、以下、「宇宙や航空」におけるリスクの判断についての筆者の論述をまとめ、つぎに医療におけるリスク判断を考えてみよう。まず、何を答えるべきかをはっきりさせておこう。テーマは「医療」と「宇宙や航空」における「決断」である。問われているのは、その「同様な点と異なる点」である。

【「宇宙や航空」における決断】

(1)「宇宙や航空」における「決断」について語られていることはなにか。課題文には、①スペースシャトル・チャレンジャー号爆発事故（1986年）の例、②アポロ11号月面着陸成功(1969年)の例、③イースタン航空機墜落事故（1975年）の例、そして最後に小さい例だが、④中曽根元首相の専用機がトラブルのために出発が遅れた事例、の計4例が挙げられている。そして、そこで説明されている判断（決断）とは、致命的な「墜落」というリスクを避けるためには、対外的なメンツや慣れからくる慢心、組織や国家的要請すらも捨てて、「ノーゴー(No go)」を言うことである。

(2) 誰が決断する（責任を負う）のか。これは、①においては、NASA(航空宇宙局)、②はアームストロング船長、③は正操縦士（パイロット）、④は航空会社、だろう。

(3) 責任は、誰に対して負うのか。これは、それぞれの組織と、乗組員・乗客に対して負うのである。

(4) どのような責任か。それぞれの組織に対しては説明責任、乗組員・乗客に対しては人命の安全を確保する責任である。

【「医療」における決断】

では、次に「医療」における「決断」を考えてみる。上記、(1)～(4)の論点について、「医療の場合」を考えてみればよいだろう。

(1)「医療」における「決断」とはなにか。それは、a. 医師が病気を診断し、b. 患者に説明を行い、c. 治療方針を決定し、d. 実際に治療（投薬・手術など）を行う一連の決定すべてに絡むものである。その際、a.～b. は医療従事者が単独で、c.～d. は患者の(あるいはその家族の)同意のもとに行為することになる。

(2) 誰が決断する（責任を負う）のか。これは、第一に医療従事者である。次に「情報提供後の同意」に関しては、患者自身も決定の責任を負う。

(3) 責任は、誰に対して負うのか。当然、患者に対してである。

(4) どのような責任か。これは、説明責任、安全責任と治療に全力を傾ける責任である。

最後に、(1) ～ (4) を比較してみよう。そうすれば、「同様な点と異なる点」が見えてくるはずだ。

（2）問題 1-2 の解答案

■■解答案 1-2 ■■

宇宙や航空における決断とは、致命的な事故を避けるために、メンツや慢心、組織的要請を捨てて、「ノーゴー (No go)」を言うことにほかならない。その決断は、乗組員・乗客に対して絶対的な安全を確保する責任を負うことになる。

一方、医療における決断とは、病気を診断し、患者に説明を行ない、治療方針を決定し、実際に治療を行なう一連の決定すべてに絡むものである。決断の責任は、基本的には医療従事者が患者に対して負うべきものだが、治療方針の確定以降の医療行為においては、かならず患者の決断が関与しなければならず、その意味で、決断は医師と患者の共同行為ということになる。

宇宙や航空、医療における決断には、安全性を最大限重視するという共通点がある。しかし、医療においては、インフォームド・コンセントにおいて見られるように、決断の主体が医師と患者に分かれている。したがって、医師が「ノーゴー」であっても、患者が敢えてリスクを取り「ゴー」の決断を下すこともあるし、その逆もありえる。決断の主体が異なり、安全性よりも治癒可能性を追求する決断の可能性もあることがその大きな違いだといえる。(476 字)

1-3. 医師のコミュニケーション

■■問題 1-3 ■■

次の文章を読んで、「コミュニケーション」ということについて、あなたの思うところを述べなさい。【600字】

［岩手医科大学 医学部・医学科 2010年度］

医者自身が意識して、コミュニケーションスキルを磨くことも必要だと思います。医者が年中激務であったり、人間関係がうまくいかなくなってしまう原因のひとつは、自分から積極的にコミュニケーションをとろうとしないことにあるからです。

もし患者さんの情報を医者同士で共有し、休みの先生の分をその日に勤務ができる先生で補うことができれば、休日だってちゃんと持てるかもしれません。そのためには、常日ごろから治療に対する自分の考え方や、どういう状況になったら連絡がほしいのかなどを伝え合う努力が必要です。

患者さんに対しても、今さらながらコミュニケーションを取ることの重要性を意識してみてください。専門用語を振りかざしてはいませんか？私自身、専門家同士で話をしているときはよいのですが、患者に話すときは、もう少しわかる言葉で話してもらえないかな、と思うことがあります。それが時として、「医者ってなんだか冷たい」とか「愛想が悪い」という印象を与えることもあるのではないでしょうか。

そんなことまで気を使うのは面倒くさい、と考えているのであれば、ナンセンスです。そうやって面倒くさがっているうちに、「あの先生は信用できない」という医者と患者との壁ができてしまうのです。

そうなれば、もう何をするにも医者対患者という対立構造になってしまいますから、面倒くささは増すばかりです。それよりも、最初に信頼関係を築くことができれば、その後の治療も手術もスムーズにいく可能性が高いでしょう。

（勝又健一『医療崩壊の真実』より）

（1）問題 1-3 の解説

問題 1-3 は、医師のコミュニケーション一般に関する問題である。課題文には、医療従事者同士のコミュニケーションと、医師・患者関係におけるコミュニケーションのアドバイスが書かれてある。

「コミュニケーション」という広いテーマ設定のまま議論を始めてしまうと、きっと混乱してしまうことになるし、紙幅も足りなくなるに違いない。したがって、分野を絞って、自分の≪問い≫を再設定して、それに答える論文を作成するとよいだろう。

アドバイスめいた課題文に引きずられて、「私の意気込み」「私はこう頑張りたい」という**決意表明文を書いてしまうことのないように注意**してほしい。意気込みは面接で語ればよい。あくまで「論文」の試験であることを忘れず、議論を作成することに集中しよう。

（2）問題 1-3 の解答案

序章ですでに述べたとおり、**小論文の解答は、つねに「Yes か No か」で答えなければならないわけではない**。それは、問いの設定の仕方によるのである。「型にはめれば書ける」といった小論文指南本には、Yes か No かをはっきりとさせようとか、自分は賛成か反対なのかをまず考えようなどといったアドバイスが書かれてあったりするが、それは無茶な要求である。

問いの設定の仕方は、大きく分けて「クローズド・エンド」型、「オープン・エンド」型の２種類があり、さらに「オープン・エンド」型は、問題分析型と問題解決・提案型の２種類に分かれる。

「クローズド・エンド」型とは、「○○は、××か」という問いの設定の仕方で、「○○に賛成か、反対か」に言い換えることができる。このタイプの問いには、当然Yes か No で答えるのが正しいやり方である。

「オープン・エンド」型というのは、英語の疑問文で言うなら、5W1H（疑問代名詞・疑問副詞）から始まる質問のタイプで、「どのように考えるか」「何が問題か」「どうすればよいのか」という問いの形式をとる。

「コミュニケーションについて思うところ」を述べることがこの問題の要求であるならば、わざわざ「コミュニケーションは、○○であるべきか、否か」というクローズド・エンドの問いに変形する必要はない。小論文は必ず「Yes か No か」で答えなければならないと考えていると、非常に無理のある問いの設定を考えなければならないが、ここではその必要はないのである。

「コミュニケーションについて考えよ」というのが問題なので、分野・場面を限定したうえで、コミュニケーションのあり方について、何か「提案・提言」を行うことができるような問いの設定をするのが自然である（問題解決・提案型）。もちろん、「コミュニケーションとは何か」という原理的な問いのたて方も可能だが（問題分析型）、600字程度の小論文では、紙幅が足りないだろうし、時間がかかるのでやめておいたほうが無難である。

以下の解答案では、医療現場に場面を絞り、患者との関係におけるコミュニケーションのあり方について、提言を行っている。

■■解答案 1-3 ■■

コミュニケーションという言葉の意味は、状況や場面によって実に多義的である。たとえば、情報伝達を目指すもの、意思決定を目指すもの、相互理解のため等々、さまざまな形がありうる。ここでは、以下、患者と医療従事者の関係におけるコミュニケーションについて考えてみたい。

患者と医療従事者の関係において目指されているものは、さしあたりは、病気・怪我などの治癒であるが、ターミナルケアにおいては、痛みの緩和やＱＯＬの向上が目指されることもある。そのような目的を達成するためには、正確な情報提供に加えて、課題文の筆者も述べる通り、患者に理解可能な語彙レベルの選択、また親しみのもてる表現の仕方も必要となる。

しかしここには、コミュニケーションの正確性、理解可能性、親しみ深さ、という３つの要請が、互いに両立しがたいような状況がありうるという問題がある。たとえば、正確性を期すために専門用語の使用が避けられないような告知の場面で、理解可能性や柔らかい言い方を犠牲にしなければならないような場面である。

このジレンマに一定の解は存在しない。だからこそ、医療従事者には高度で実践的な言葉の運用能力が必要とされるのである。その意味で、私は、医療従事者にとって文科系の教養は必須だと考える。医療におけるコミュニケーションが円滑に行われるためには、医療を学ぶ者の言語力、人文的教養をもっと高めていく必要がある。（590 字）

1-4. 理想のコミュニケーション

■■問題 1-4 ■■

次の文章を読んで、以下の問題に答えなさい。

［日本大学　医学部・医学科　2010 年度］

私たちは会話をしているときに、

「本当にそうですね」

「それは困りましたね」

などと共感を示す表現をさまざまに使っています。外国語にも似たような言い回しがありますが、日本語のほうが種類豊富で、使われる頻度も多いように思われます。夫婦、親子などの家族、親しい友人との間ではとくに多いようです。

こうした言葉のやりとりでは、アドバイスや解決法を示してもらわなくとも、

「聞いている」

「受け入れている」

「理解している」

という気分を伝えるのが重要なので、具体的解決策ははじめから期待されていません。

また、これらの共感の表現では、たいてい主語ははっきり示されません。相手の話のどの部分に感心しているのかも相手に伝わりません。しかし、こうした共感を示す表現を使うと、自分の意見を詳しく説明しなくても、相手とあたたかい気持ちを分かち合うことができます。

細かいことをあえて言わずに、少ない言葉で相手の気持ちを包み込み、相手と一体になる。それが今までの日本人にとって

はコミュニケーションの理想的な形でした。日本人が大好きな禅語である「以心伝心」も少ない言葉でわかりあうコミュニケーションをいいます。もともと禅の教えは「不立文字《ふりゅうもんじ》」といわれるように、書物でなく師から弟子に伝授されるものでした。

このようなコミュニケーションは、相手を思いやる気持ちがあって成立するものです。言葉で表現するだけのコミュニケーションよりも、さらに洗練されたコミュニケーションであるといえます。

しかし、「以心伝心」的なものを理想とするあまり、日本人は言葉で表現することに憶病だったり、必要以上の遠慮をしてしまったりする傾向があります。近年書店には、はっきりとものを言うテクニックを解説するハウツー本がたくさん出ていますが、それだけ言いたいことを思うように言えない日本人が多いからでしょう。

言いたいことが言えない、表現できない人のコミュニケーション力を初級としたら、言いたいことが言え、相手に伝えられる人は中級です。しかし、言いたいことを言葉にしていても意図が相手に伝わっていないときは、コミュニケーションといえません。きちんと伝わる日本語が使えるようになれば中級です。はっきりとものを言うことを学ぼうとしている人は、ようやく言葉を使うことの大切さ、中級レベルのコミュニケーションの価値に目覚めて、そこに進もうとする段階といえます。以心伝心による高度な共感のコミュニケーションは、その上のレベルにあります。

引用文献：坂東眞理子『美しい日本語のすすめ』（小学館 101 新書 2009 年 10 月　小学館）27 ～ 29 頁

【課題】筆者の述べる「以心伝心による高度な共感のコミュニケーション」のメリットとデメリットについてまとめた上で、医師と患者のコミュニケーションにおける「以心伝心」と「共感」についてのあなた自身の考えを、750字以上800字以内で論述しなさい。

（1）問題1-4の解説

まず、問題の具体的な指示に従い、解答案のはじめに、筆者の述べるメリット・デメリットについてまとめる必要がある。それぞれを本文から読み取ってみよう。

メリットについては、「…相手とあたたかい気持ちを分かち合うことができる」とある。一方、デメリットについては、「…気分を伝えるのが重要なので、具体的解決策ははじめから期待されていない」、「…どの部分に感心しているのかも相手に伝わらない」、「言葉で表現することに憶病だったり、必要以上の遠慮をしてしまったりする」と述べられている。

次に、それらを踏まえた上で、医師・患者間の「共感のコミュニケーション」のあり方を考える。

筆者は、「以心伝心」を「高度な共感のコミュニケーション」とし、レベルの高いものと認定している。「上のレベル」という言葉が厳密に何を意味するかは不明だが、これが理想のコミュニケーションであると考えていることは確かである。

しかし、当然のことながら、それがすべての状況において理想的であるとは、決して言えない。理想的なあり方は、そのコミュニケーションが、何を目的とするのかによって異なるからである。

筆者自身も指摘している通り、共感・以心伝心は、心の交流を目的とするものであり、問題の具体的解決を目的とするものではない。他方、医療の目的は病気の治療や苦痛の緩和である。具体的な解決や詳細の相互理解を抜きにした「気分の共有」だけでは、その目的は果たせないだろう。「心も含めた患者のケア」が目的であると言ったところで、共感による心のケアが可能になるわけではない。

言葉によらない、以心伝心による共感のコミュニケーションは、正確な言葉によるコミュニケーションの「上にある」ものではなく、喩えるなら、「横にある」べきもの、つまり、正確なコミュニケーションに加えてあってほしいもの、ととらえるべきである。

日本文化論の名著、『〈対話〉のない社会』（著：中島義道、PHP 新書）によれば、日本人による「思いやり」のコミュニケーションは、無自覚かつ残酷に、〈対話〉という「真理を求める言論」「少数者の声なき声」を圧殺しているという。このような、共感（思いやり）の「逆機能」をハッキリと認識した上で、医師・患者間のコミュニケーションは再検討されるべきであろう。

(2) 問題 1-4 の解答案

■■解答案 1-4 ■■

筆者の言う以心伝心や共感とは、相手を思いやり、あえて言葉を慎むことによって、相手と一体になることを目指す理想的なコミュニケーションである。そのメリットは、あたたかい気持ちを分かち合うことで、対立や紛争を避け、マイナスの感情をあらかじめ遮断することにある。一方、デメリットは、具体的解決策が期待できないことや、言葉を発することへの遠慮や躊躇を助長することにある。では、筆者の理想とする以心伝心や共感は、医師患者間においても、やはり理想的であると言えるのだろうか。

そもそも、以心伝心の成立には、同質の人間によって共有された広範囲の前提が必要となる。同じ場で、長期間、同じ言葉によるコミュニケーションを行ない続けなければ、以心伝心は成立しない。日本社会は長い間、比較的同質な人々が、同じ価値観を共有して生活する共同体であったため、以心伝心が成り立つことはあったが、これは、日本社会が置かれてきた特殊事情によるのである。

しかし、現代のように、価値観も、人々の持っている情報・知識レベルも様々である社会においては、以心伝心や共感を目指すコミュニケーションは、一方通行の悪しき「おせっかい」にもなる。とりわけ患者・医師間においては、以心伝心のコミュニケーションが、致命的なトラブルや医療訴訟の原因になることすらありうる。

医師と患者は、情報や前提知識が異なるし、心理状況も異なっている。同じ事実に対して、医師と患者が同じ気持ちを抱くことはまずないし、患者によっても心の持ち様は異なっている。それゆえ、医師患者間のコミュニケーションにおいては、以心伝心や共感はめったに成立しないものと考えるほうが誠実な態度であると言える。言葉を尽くし、たとえ相手との考え方の違いがあったとしても、言葉だけによって解決を導くコミュニケーション、つまり言葉による「対話」こそが、目指されるべき理想のあり方だと考える。(790字)

第2章 安楽死 / 医療における自己決定原則

この章では、「安楽死」をめぐるいくつかの典型問題を考えながら、医療倫理をめぐる問題へのアプローチを解説する。安楽死の問題は、粘り強い考察が必要な、抽象的で難しいテーマである。しかし、医学部受験に必須の知識であるところの「医療倫理原則」を確実に理解する上で、どうしても避けて通れないテーマだから、じっくりと取り組んでほしい。

また、あわせて、自殺の権利をめぐるテーマを考えながら、医療倫理の中心的原則である「自律（自己決定）」の及ぶ範囲について考察を行う。人間の死をめぐるテーマを扱いつつ、自由主義思想のバリエーションをいくつか紹介する。

さらに、この章では、テーマに関する知識の学習に加えて、さまざまな論証の方法を解説する。具体的には、「誤謬推理」（ごびゅうすいり：誤った論証）と呼ばれるいくつかの例を確認しながら、反対意見に向けて論証的に議論を組み立てるやり方である。ハイレベルの答案を書く上で、ぜひともマスターしてほしいスキルである。

「知識」として学習すべき事柄が多い章となるが、頑張って覚えてほしい。いずれも、医学部に入ってから学びなおすテーマだが、先取りするつもりで勉強しておこう。

＊＊＊＊＊＊＊＊＊＊＊＊＊＊＊＊＊＊＊＊＊＊＊＊＊＊＊＊＊＊

2-1. 「安楽死」について考えてみよう

安楽死の問題は、しばしば誤ったやり方で議論されてきた。その典型的な議論を見ていくことにしよう。まず以下の２つの議論を読んでどこが誤っているのか、考えてみてほしい。

◆議論Ａ：「安楽死はナチスの思想である」

安楽死は認められるべきではない。なぜなら、安楽死の合法化を認める人たちの意見は、第２次大戦中のナチスの意見と同じだからである。ナチスは安楽死を合法化し、数十万人のユダヤ人を虐殺した。したがって、安楽死は、ナチスの思想であり、認められない。

◆議論Ｂ：「安楽死容認は殺人を認めることにつながる」

安楽死は認められるべきではない。安楽死は人を殺すことであり、それを認めると殺人一般を、ひいては、ジェノサイド（大量虐殺）をも認めることになりかねない。こうして、安楽死を認めることは、他のもっと倫理的に悪い殺人を認めることにつながるから、認められない。

さあ、どうだろうか。

上記２つの議論は、「安楽死を認めるべきか」という問いに答えたもので、どちらも、論証を経た形で自分の意見を述べている。必要な論証がきちんと書かれてもいるので、論文としての形式的な要件は満たしていると言えるだろう。しかし、論証そのものに誤りがある。また、用語の使い方にも混乱が見られる。順を追って説明していこう。

（１）議論Ａについて

まず、議論Ａについて。ここでの論証構造は、「安楽死を認める意見はナチスの意見と同じ」ゆえに、「安楽死は認めるべきでない」となっている。議論Ａの誤りはどこにあるのだろうか。

安楽死を認める意見がナチスの意見と（安楽死を支持するという

点で）同じであるのが事実だとしても、その前提から「だから認めるべきではない」という答え（結論・主張）を導き出すのは誤りである。つまり、前提となる主張は正しいが、結論の導き出し方が間違っている。

悪い行いをした悪人が考えていることが、「悪人が考えている」という理由だけで「悪い」意見とされるのは妥当ではない。悪人だから、考えていることすべてが悪いことに違いない、と考えるのは、論理的に誤っているのだ。どんな極悪人であっても、悪いことも悪くないことも考えるし、良い意見を持つことすらあり得るはずだ。ナチスが行った数々の犯罪行為は、「ナチスは悪い」と結論する十分な理由になるし、ナチスが安楽死を認め、積極的に推進したことも事実である。しかし、「悪いナチスが行ったから悪い」という判断は論証の仕方が誤っている。

この論証は、典型的な誤謬推理で、「**悪友論法の誤謬**（bad company fallacy)」と呼ばれている。これは、「**対人論法**（ad hominem argument)」の一種で、**「ヒトラーは菜食主義者だった、だから、菜食主義は間違っている」という議論と同じ構造**になっている。この議論が明らかに誤った議論であることは理解できただろうか。

（2）議論Bについて

次に、議論Bについて見てみよう。ここでの論証は、安楽死という小さな殺人を認めることにより、殺人一般が、ひいては最大・最悪の殺人たるジェノサイド（大量虐殺）が認められることにつながる、ゆえに、安楽死は認められるべきではない、という連鎖的な構造になっている。小さな一歩を認めることにより、第２歩、第３歩を必然的に認めることになって、最終的には、最後のステップまでを認めるまで「歯止めがかからない」というのである。もし、特定方向に小さく動くのならば、同じ方向への動きを止めることが極度に困難になるか、不可能になる、というこのような論証を**「すべり坂論法**（slippery slope argument）」と言う。

すべり坂論法は、完全に誤謬推理であるとまでは言えないが、誤りである可能性が排除できない論証の一つである。

かつてアメリカ合衆国の指導者が、ベトナム戦争の正当化のために用いた「ドミノ理論（domino theory）」も、すべり坂論法と同様の効果を狙ったレトリック（説得技術）であった。ドミノ理論とは、当時のアメリカの政治家たちが主唱した「もしある一国が共産主義に陥るならば、ドミノ倒しのごとく、次々と連鎖的に隣国が共産主義に陥り、世界が共産化してしまう」という理論（論証）である。だが、実際には、そうならなかった。

「すべり坂」も「ドミノ」も、物事が悪い方向へ進む可能性が高い様子を比喩的に説明するものはあるが、その比喩が適切かどうかは、現実をしっかり見てみないとわからない。滑り落ちるのを防ぐストッパーが見つかるかもしれないからである。その都度、慎重に見極める必要がある。

議論Bで行われているすべり坂論法は、実際に安楽死を合法化している諸国において、殺人やジェノサイドが認められる事態に陥っていないという事実によって反駁《はんばく》される。すべり坂であろうが、ドミノであろうが、どこかで歯止めをかけることができる場合は多い。このように、**安楽死の問題にはしばしばすべり坂論法が用いられるが、誤りであると**言える。

（3）用語の厳密な定義の大切さ

議論Ａも議論Ｂも、ともに「論証」のやり方に誤謬が含まれていたが、用語の使用法においても問題は発生する。とくに、議論Ａにおける用語の使用法は、あきらかな誤りを含んでいると考えてよいだろう。議論Ａにおける安楽死の概念は、**自発的なものと、反自発的なものが混同**されており、両者を同じものとして議論を進めてしまっている。少なくとも、現代において、倫理的問題として「安楽死の是非」を議論する場面で、「反自発的な（本人の意思に反する）安楽死を認めるべきだ」と主張する人は皆無である。

「安楽死を認めるべき」と主張する人は、おそらくは、末期的な状況における自発的あるいは非自発的な安楽死のことを述べているはずである。積極的な安楽死を認める立場であっても、「反自発的な安楽死を認める」という意見には、同意を与えないのが普通だろう。ヒトラー率いるナチスが行った「反自発的安楽死」と、安楽死を認める論者たちが主張する「安楽死」は、明確に区別されるべき概念である。

したがって、議論Ａで用いられている論証は、前提からして誤っていることにもなる。つまり、「安楽死の合法化を認める人たちの意見」は、「ナチスの意見と同じ」ではない。

また、議論Ｂにおいても、「安楽死は殺人の一種」と述べられているが、安楽死の方法には、積極的なものと消極的なものの区別があり、少なくとも消極的な安楽死の方は、通常、殺人であるとは言わない。また、自殺幇助（じさつほうじょ：医師などが患者の自殺を手伝う）という方法での安楽死もあり、この場合も刑法上の殺人とは区別される。やはり議論Ｂも、用語を明確に定義し区分していないことが原因で、読者に混乱を与えてしまっている。

上に述べてきたような事態を避けるためには、**あいまいな用語を最初に定義し、概念の厳密な区分を提示する必要がある。**

（4）安楽死の区別について

さて、安楽死を論じるにあたって、議論すべき安楽死とは何なのか、まず、最初に概念を明らかにしなければならないことがわかった。以下、受験生が知っておくべき安楽死の概念の区別について、まとめておくことにする。

表1：安楽死の区別

	消極的	積極的
自発的	A	B
非自発的	C	D
反自発的	E	F

まず、医療行為としての安楽死には、**延命治療を差し控える方法や、治療停止により自然死をもたらす（死ぬにまかせる：**allowing to die）**方法**がある。これを「**消極的安楽死**」と言う。また、医師が致死量の塩化カリウムを投与するなどして、**直接的に死亡させる**（killing）場合を「**積極的安楽死**」と呼び、これは「**慈悲殺**（mercy killing)」とも言われる。

次に、判断能力のある大人が自ら望んでする「**自発的安楽死**」と、意思を表明できない者（生まれたての赤ん坊や意識のない患者、脳に損傷を負っている患者など）への「**非自発的安楽死**」という区別もある。死を望まない者に対する「**反自発的安楽死**」は、どんな場合であれ、医療行為としては認められない（ちなみに、死刑判決によってもたらされる安楽死は、反自発的安楽死である）。

ちなみに、Ａに区分される自発的で消極的な安楽死は、マスコミなどで「**尊厳死**」と言われることもある。尊厳死という用語は、おもにマスコミや医療現場などで用いられているが、学術的には正確な用語ではない。尊厳死が「尊厳ある死」という意味の用語であれば、それはあらゆる場合において目指される「理想的な死に方」にすぎない。この用語はあいまいなので、明確な定義をしてから用いるようにしなければならない。

さて、このように明確な定義と区分を導入してみると、「安楽死を認めるか」という問題を考えるにあたって、どのタイプの安楽死を議論しているのかをはじめに明確にすることの重要性がわかるだろう。ある人は、Ｂについて議論しているかもしれないし、またある人はＣについて議論しているかもしれない。ナチスの安楽死と比較する人は、ＥやＦの安楽死と、それ以外の安楽死を混同している可能性がある。

（５）安楽死の問題を論じる際の根拠（前提）

さて、それでは、安楽死の問題を論じるにあたり、どのような場合に安楽死は正当化できるか（できないか）を考えてみることにしよう。

序章の講義で、論証における根拠（前提）に何を採用すべきかを説明した。論証において重要なのは、確かな「前提」に基づいて、そこから妥当な「推論」（結論の導出）を行うことであった。確かな前提として採用してよいものとしては、確実で代表的な（できれば複数の）事例や、一般的に認められた原理原則があることを説明した。

今回は、医療倫理原則からの推論を用いて、安楽死の正当化を試みたいと思う。序章の講義で説明したとおり、医療倫理原則は通常4つの原則として説明されることが多い。今回のテーマにおいては、その4原則すべてが関係するわけではないが、復習も兼ね、4原則すべてをもう一度示しておく。

① 自律原則：患者の自己決定を尊重せよ。
② 与益原則：患者の最大の利益を図れ。
③ 無加害原則：患者に危害を加えるな。
④ 正義原則：公平・公正を重視せよ。

安楽死を正当化する根拠として医療倫理原則を用いる場合には、どの原則を用いるべきだろうか。患者自身が自発的に安楽死を望んでいるならば、①の自律原則と②の与益原則の両方が、患者の明確な意思が確認できない非自発的安楽死が検討される場合は、②の与益原則が、それぞれ根拠として採用されることになるだろう。

それでは、安楽死の区分に従って、その是非を検討していこう。まず、消極的安楽死の場合を考える。

患者自身の判断により（自発的に）延命治療が拒否される場合、①の原則（患者の自律あるいは自己決定の原則）から正当化がなされると考えてよいだろう。

一方、患者自身の意思が明確でないときは、消極的安楽死（治療中止）の判断は、しばしば困難になる。治療中止のほかになすすべがなく、消極的安楽死が②の原則（患者の最大の利益）を満たすと考えられる場合は、「**家族の同意**」を得ることによって正当化される場合がある。実際に、**このタイプの「安楽死」は、実際の臨床の**

現場で医療行為として日常的に行われている。

次に、積極的安楽死について検討してみよう。積極的安楽死も、消極的安楽死と同様に、①と②の原則の両方によって正当化することが可能である。しかし、積極的安楽死が認められる場合は、実際上はあまり多くはない。積極的安楽死が合法化されている国は、**オランダ**、**ベルギー**および**ルクセンブルク**で、**スイス**と**アメリカ・オレゴン州**、**ワシントン州**および**バーモント州**では、一定の条件下で医師による**自殺幇助《ほうじょ》**が認められている。合法化の事例はたったこれだけなので、積極的安楽死が広く国際的に認められているとは言いがたい。

ではなぜ、積極的安楽死は日本を含む多くの国々で認められていないのだろうか。おそらく、積極的安楽死が明確に「殺人」(killing)であるととらえられているからであろう。積極的安楽死を許容する人であっても、心情的には積極的安楽死は殺人であると認めざるを得ないはずである。それでも積極的安楽死を認める人は、安楽死は殺人と認めたうえで、「殺人をする悪」と「殺人により患者を激しい苦痛から解放する善」を比べ、後者が勝っているから「やむを得ず」許容するのである。いずれにしても、「積極的になす安楽死は殺人である」という把握には変わりがない。

（6）作為と不作為の区別

さて、そもそも、積極的安楽死はなぜ殺人であると考えられているのか。消極的安楽死と比べても、両者は「死をもたらす」ことには違いがないのに、どうして積極的安楽死だけが「殺人」とか「慈悲殺」とか言われるのだろうか。

それは、「**作為**」（**積極的行為**）と「**不作為**」（**消極的行為**）の区別という倫理学的に重要な観点から説明される。すなわち、積極的安楽死を行うには、薬を投与するなどの医師による積極的行為が必要となるが、消極的安楽死は、なにもしないで患者に自然な死をもたらすだけである。積極的な安楽死には、人間の「作為」があり、消極的安楽死には「作為」がなく、自然に任せるのみである。だから、積極的な安楽死は殺人であり悪であるが、消極的安楽死は殺人ではなく悪ではない、とされるのである。

（7）意図と予見の区別

しかし、それだけでは、殺人と殺人でないものの区別をつけるには不十分である。たとえば、末期ガンの患者に対して、モルヒネを投与すること（「作為」の医療行為）を考えてみよう。モルヒネを投与することは、痛みを緩和すると同時に、その副作用として意識レベルを低下させ、死期を早める結果をもたらす。つまり、モルヒネを注射する「作為的な」医療行為は、患者に対して確実に死期を早める行為である。しかし、モルヒネを投与することは、日常的な医療行為として行われており、むしろ適切な医療行為であるとされている。では、モルヒネを投与することと、塩化カリウムを投与することは、どちらも「作為的」な、積極的な行為として同じものであるのに、なぜ、後者だけが殺人とされるのだろうか。

ある行為が殺人か殺人でないかを区別するには、「作為」「不作為」の区別に加えて、「**意図**」と「**予見**」の区別が必要だと言われている。先ほどのモルヒネの例で説明すれば、モルヒネの投与は、「作為」であるが、死をもたらすことを「意図」した行為ではないとされる。モルヒネを打つことにより死期が早まることは「予見」できるが、死を「意図」したものではないから、殺人ではないというのである。

一方、**塩化カリウムを投与することは、「作為」であり、かつ、死をもたらすことを「意図」した行為である**。法律においても、過失致死（意図せず死なせた）と殺人（意図して殺した）を区別し、後者により重い責任と刑罰を与えているが、それと同様の考え方とも言える。

まとめてみよう。積極的安楽死は、積極的に（作為的に）、かつ意図的に死をもたらす行為であるから殺人である、したがって、積極的安楽死は、認められないという論法になるだろう。

表２：終末期医療行為の道徳的な差を考える（1）

<table>
<tr><td rowspan="4">医療行為</td><td rowspan="2">作為的行為
〔行為する〕</td><td>死を意図する</td><td>塩化カリウム
の注射</td></tr>
<tr><td>死を意図しない</td><td>モルヒネの投与</td></tr>
<tr><td rowspan="2">不作為的行為
〔行為を中断する〕</td><td>死を意図する</td><td>生命維持装置
をはずす</td></tr>
<tr><td>死を意図しない</td><td>医療ミス？</td></tr>
</table>

＊作為的で死を意図する行為のみが「殺人」とされ、倫理的にも悪とみなされる。

（8）すべての殺人が悪か

さて次に、積極的安楽死が定義上殺人であることになったとしても、オランダなどでそれが合法化されていることからもわかるように、積極的安楽死を正当化する有力な根拠もあるはずである。それは何か、探ってみよう。

オランダでは、1994年以来、事実上、積極的安楽死が認められるようになった。ただし、2001 年に刑法が改正されるまでは、積極的安楽死は刑法上殺人罪に相当するが、ルールを満たした場合に「**違法性が阻却《そきゃく》される**」という形で認められていた。つまり、積極的安楽死は殺人だが、罪に問わないことにしようということにされていたのである。

「殺人だが、罪に問わないことにしてよい」と表現すると、直感的に違和感を持ってしまう人も多いだろう。この議論は、いかにして正当化できるのだろうか。結論を先取りすると、「殺すことが、生かすことよりも善である場合がある」ということが明確に認められれば、殺人は正当化される。しかし、はたしてそのような場合など、あるのだろうか。

そもそも、殺すことが悪であるのは、殺人という死をもたらす行為が、当人に「最大の害悪」をもたらすと考えられているからである。しかし、生きることが極限的に困難であるようなとき、人は、もはや生き続けても意味がないと思うことがあるのではないだろうか（積極的安楽死を支持する人はそのように考える）。このような場合が、「殺すことが、生かすことよりも善である場合」である。つまり、**生き続けることの害悪が、死をもたらすことによる害悪よりも大きくなる**のである。

当人にとって、どれほど「生き続けることの害悪が死をもたらすことによる害悪よりも大きくなる」としても、なお、「殺人は悪、苦しみながら生きるのが善い」と言える人は、はたしてどれだけいるだろうか。そのように考えていくと、このような究極的な事例においては、患者の自律（医療原則の①）の観点から、また、患者の最大の利益（医療原則の②）の観点から、自発的意思に基づく積極的安楽死（B）を認めることが正当化できるのである。

（9）結局、安楽死は認めるべきなのか

今回の、積極的安楽死を認めるか認めないかという議論において最終的に問題となるのは、医療倫理原則と、「殺人は不正である」という一般的信念に基づく常識的な倫理原則（人を殺してはいけない）とのジレンマである。殺人が不正であるという信念は、それが皆さんにとっては単なる直感にすぎなくとも、正しいものだと言えるだろう。少なくとも、殺人が不正ではないという意見はほとんど聞いたことがないと思う。しかし、殺人が不正である根拠をさらに分析すると、「どんな場合においも不正であるか」という新しい問いがひらかれてくるのである。

アメリカの倫理学者、ジェイムズ・レイチェルズは、消極的安楽死が通常の医療行為として行われている現状において、積極的安楽死のみを禁止するのは論理矛盾であるという。どちらも死を「意図」しており、患者の死期を早めることを「意図」している。生き続ける苦しみが避けがたくQOLが著しく低い状態である場合、延命治療の停止によって患者の死をもたらす消極的安楽死は認められるのに、同じ理由による積極的安楽死は、なぜ認められないのか。

「殺人は常に不正であるか？」と聞かれれば、多くの人は、Noと言うだろう。しかし、「死をもたらすことは常に不正であるか？」と問われた場合はどうだろうか。「生き続ける苦しみが避けがたい場合なら」と、Yesを答えるだろう。まさに、この場合に「消極的安楽死」が行われている。では、患者に死をもたらすことは殺人ではないのか。たしかに、法律上では、作為的行為でなければ殺人ではない。しかし、作為的と不作為的のどこに道徳的な差があるというのか。先のレイチェルズは、「差はない」と答えている。

死をもたらすという「意図」（動機）が道徳的差を生むのならば、

消極的安楽死も積極的安楽死も、ともに死を意図した行為であり、変わりはない。ならば、「積極的安楽死」だけが禁止されるのは、自ら手を下して死なせるという行為の罪悪感や、「殺してはいけない」という直感、こういったプリミティブな感情を、いわば慰めたいという理由だけからなのだろうか。

しかし、積極的安楽死の禁止という倫理を支えているのは、論理的な推論ではなく、「医療の受け入れ態勢が整っていない」、「コンセンサスが未成熟」という、単なる社会の側の都合なのかもしれない。ただし、そういった社会や制度の未成熟は、「いますぐには安楽死を許容できない」という判断の、妥当な根拠になりうるのである。

表3：終末期医療行為の道徳的な差を考える（2）

医療行為	死を意図する	作為的行為	積極的安楽死
		不作為的行為	消極的安楽死
	死を意図しない	積極的行為	延命治療
		消極的行為	緩和治療

＊安楽死は、死を意図した行為である。積極的安楽死と消極的安楽死には、外面的な行為の性質（作為か不作為か）の違いしかない。

■■問題 2-1 ■■

安楽死の是非について、日本の現状を踏まえ、あなたの考えを述べなさい。【字数 800 字以内】

［香川大学医学部小論文問題 I 改題 2006 年］

■■解答案 2-1 ■■

安楽死とは、患者の利益のために、医師が積極的あるいは消極的な手段により、患者を死に至らしめる行為をいう。患者の意思表示を確認できる場合を自発的安楽死、できない場合を非自発的安楽死と区別する。ここでは、患者の明確な意思表示がある場合に、積極的な手段により患者を安楽死させることが認められるべきかについて考えてみたい。

日本においては、上記の区分における積極的安楽死は、自発的なものであれ、非自発的なものであれ、合法的ではない。また、直接的に死をもたらす行為は、たんなる殺人と区別をつけにくいこともあり、医療の目的に反するのではないかという直感的な違和感を持つ人も多い。しかし、日本の判例では、一定の要件を満たし、適正な手続きを踏めば、積極的な安楽死も許容される場合があることを示唆している。

では、どのような根拠に基づいて積極的な安楽死は正当化できるだろうか。そもそも医療行為は、患者の自己決定と、患者の最大の利益の尊重を目的として行なわれるべきである。したがって、積極的安楽死は、患者の明確な意思表示（自己決定）があり、死ぬことが患者にとっての最大の利益となるような極限的状況において、はじめて許容される。

積極的安楽死は、最後の手段として死ぬことを自己決定した患者に、正当なルールに従って死をもたらす医療行為と捉えるべきである。ただし、患者の自己決定が可能になるためには、本当に最後の手段しか存在しないかを医師が十分に吟味して、それを患者に伝えることができる医療体制の確立が前提となる。他の選択肢が本当にないということが確実にわかっている状況でなければ、死の自己決定は、患者の利益と背馳《はいち》してしまう。積極的安楽死の是非は、患者の自己決定を支える医療体制を構築できるかという課題と切り離せない問題なのである。（750字）

☆知っておきたい [1] ☆　欧州型医療倫理原則（1）

■**生命倫理・医療倫理学**は、おもにイギリス、アメリカの英米文化圏で発展してきた。当然、代表的な医療倫理原則も、その文化の影響を受けており、自己決定原理を基礎に置く、「原則は自由、例外的に禁止」という考え方が基本である。一方、フランス、ドイツなどの研究者は、「欧州型の医療倫理原則」を主張するようになってきている。代表的なのが、1998年に欧州の生命倫理の研究者が、EU・欧州委員会に対して行った「バルセロナ宣言」で提案された医療倫理原則である。それらは、(1) **自律**〔autonomy〕、(2) **尊厳**〔dignity〕、(3) **統合性**（一体性あるいは不可侵性）〔integrity〕(4) **脆弱性**《ぜいじゃくせい》（弱さ・傷つきやすさ）〔vulnerability〕の4原則で、社会的関係や個人の弱さを重視するキリスト教的倫理の影響も見られる。これらは、ユネスコの「生命倫理と人権に関する世界宣言」（2005年）のなかに、ビーチャムらの4原則とともに取り入れられた。

■ **［欧州型］自律原則 autonomy**：自律原則は、ビーチャムらの英米型の医療原則においては最も重要な原則であった。しかし、欧州型の医療倫理を提言した「バルセロナ宣言」においては、自律にもさまざまな限界があることが明確化され、「他者への配慮の文脈にある自律」の概念が示されている。バルセロナ宣言は、ビーチャムとチルドレスの4原則と比べて自律・自己決定を弱く解釈した、新しい生命倫理原則を提案している。

2-2. 安楽死の特殊問題

次に、安楽死に関する倫理的な問題について、より具体的な医療の場面での応用問題を考えてみる。以下のいくつか特殊な事例について、どのような論証が可能か、そして挙げられた論証が健全かどうかを考えてみてほしい。

（1）重度の脳性麻痺児トレイシーの安楽死

【例題】：「生の望みのない」少女を殺すことは本当に慈悲的な行動であったといえるだろうか。

カナダの農場で家族と暮らしていたトレイシー・ラティマーは、重度の脳性麻痺を患っており、12歳であるが生まれたばかりの乳児ほどの精神レベルしかない。体重は18キロ弱で、背中、臀部、脚部に大きな手術を受けていた。今後も、幾度にわたる手術が必要とされている。背中にはプレートが当てられ、脚も切断され、栄養はチューブから補給されてやっと生きている。床ずれができて、苦しみの中でやっと生きている状態であった。

1993年のある朝、父親のロバートは、車の中にトレイシーを乗せ、排気ガスを車内に送りこんで彼女を殺し、殺人罪で起訴された。

父親とその弁護側は、トレイシーの悲惨な状態を訴え、彼女には、ただ生物として生きるだけの、無意味な苦しみしか残されていない、と述べた。

父親のロバートは、第二級殺人罪を宣告されたが、陪審員は刑の軽減を求め、最終的には、刑務所で１年服役した後、自分の農場で１年間の禁固に服すことで刑を終えた。

さて、トレイシーへの安楽死の事例について、法的な問題はさておき、道徳的にはどのように考えられるか。父親の行動は、本当に慈悲的な行動であったのだろうか。もしそうだとするならば、それはどのようにして正当化できるだろうか。

倫理原則から考えるならば、**本人の自律（自己決定）が不在**の状態での家族の決定は、トレイシー**本人の最善・最大の利益**に基づいてのみ、正当化することが可能である。その論証構造を以下に示してみよう。

◆論証Ａ：本人の最善の利益に訴える論証

①トレイシーが何度にも及ぶ手術を受け、チューブや機器につながれた状態で苦しみながら生きているのは、拷問に等しい。

②トレイシーにとっては、苦しみながら生きるよりも、死ぬことが最善の利益となる。

③ゆえに、トレイシーへの安楽死は慈悲的な行為である。

本人の最善の利益とはなにか、という問題は、一概に決められる問題ではない。もっともシンプルな解答は、「本人にしかわからない」というものである。したがって、家族であろうとも、その決定は本人の希望に合致したものにはならない可能性が常にある。しかし、この事例においては、その本人は、自分の希望や利益について考える能力をはじめから有していないのである。

本人に代わって意思決定を行う「**代理決定**」は、医療現場においては日常の出来事になっている。本人の意思が明確に確認できない場合に、親権者などが代理決定を行うことは、少なくとも実際上は、広く行われている。

論証によっては、生きることの害悪と死ぬことの利益を比較考量した結果、生きることの害悪があまりに大きいために、安楽死が許容される場合がある。どんなに悲しくとも、最大の利益が安楽死によってもたらされるということがありうるのである。

一方、私たちがいかにトレイシーの家族の決定に同情を覚えたとしても、それは、将来危険な結末を生むことになるから、トレイシーへの安楽死を慈悲的な行為として認めるべきでないという意見もある。

◆論証Ｂ：すべり坂論法による論証

①トレイシーが「生きるに値しない」と判断するならば、それは他の障害を持つ人の命にさえ同じ態度をとることになるだろう。
②それは、最終的にはすべての命を軽んじることにつながる。
③ゆえに、トレイシーへの安楽死を認めるべきではない。

トレイシーの安楽死をめぐるこの論証は、健全な論証になっているだろうか。前節で解説した「**すべり坂論法**（slippery slope argument)」を思い出してほしい。それは、「悪の小さな一歩を認めることにより、第二歩、第三歩を必然的に認めることになって、最悪の事態につながることが避けられない、ゆえに危険な一歩を踏むべきでない」という型の論証であった。

この論法は、さまざま議論において広く用いられてきた。「中絶を認めれば…」、「IVF（体外受精）による妊娠を認めれば…」、「クローン技術を認めれば…」、これらはすべて「命を軽んじることにつながる」と。しかし、事実はそうなっていない。ドミノ理論によって、「ベトナムが共産化すれば、アジア全体が共産化する」と主張したベトナム戦争当時の政治家の主張は誤りだった。

筆者が子どものころ、栃木県のある地域では、中学生が長髪にすることは、勉強に支障が出たり、不良になったりするという理由で禁止だった（男女とも）。「髪型に気を使う」というほんの小さな一歩が、「学生の本分の履行不能」という最悪の事態につながるという、かなり大胆な論証であった（今となってはほとんどお笑いのネタにしかならないが）。もちろん、この考え方は現在では否定されている（お洒落な髪型の中学生のほとんどがぐれることなく立派に育っているのである）。

大麻など、人体への影響が比較的軽微なソフト・ドラッグの使用が、ヘロインやコカイン、覚せい剤などのハード・ドラッグの使用につながるとし、麻薬の使用を全面禁止すべきとする論法は、実際上、「**正しいすべり坂論法**」として認められる数少ない例かもしれない。しかし、この場合ですら、オランダのように、正反対の考え方を取っている国もあり、それがほんとうに正しいすべり坂なのかどうかは疑わしいままなのである（注：オランダでは、ソフト・ドラッグの市場を管理し、ハード・ドラッグの市場と完全に分離することにより、ハード・ドラッグへと走る者が減り、結果として薬物による害が少なくなる「**ハーム・リダクション**」という考えを取っている。これは、**薬物使用は犯罪というよりも公衆衛生の問題である**というリベラルな思想に基づいている）。

このように、すべり坂論法は、さまざまな「第一歩」が行き着く果てはどうなるかという未来予測を含んでいるがゆえに、不確実な論証にならざるを得ない。このトレイシーの事例においても、その論証の健全性は認めがたい。事実、障害者の命を軽んじることが実際の社会で広がっているとは考えにくい。

◆論証C：「生命の神聖さ」(SOL) に基づく論証

①すべての人間の生命はそれぞれかけがいなく神聖である。
②トレイシーの生命は、その内実はどうであれ神聖なものであり、父親であれその生命を終わらせる権利はない。
③ゆえに、トレイシーへの安楽死を認めるべきではない。

SOL とは Sanctity of Life の略語で、**生命の神聖さ**を表す言葉である。生命が神聖であるとは、いかなる場合においても、生命自体に至上の価値があるということであり、いかなる状況でも生きることが死ぬこと、あるいは死んでいることより価値があるという意味を含んでいる。

たしかに、この考え方は崇高であり、この言葉自体を否定するのは、心理的な抵抗を感じる。しかし、この原理から導かれる論証は、**実質的には、すべての人間は可能な限り長生きさせるべきということを述べているにすぎない**。こう考えるならば、多くの人はこの考え方に賛同しないと思われる。多くの人は、すべての人間の生命はかけがいなく神聖なものであるけれども、長生きさせることが神聖であるとは考えない。つまり、**QOL（生命の質）**＝「生きている時間の喜びや悲しみの総体」も重要だと考えるのである。

命は神聖であるが、この子は、はたしてこれほどまでに苦しみながら生きなければならないのか。この子の幸せを考えるならば、死なせてあげたほうがよいのではないか。このような葛藤の中では、「神聖さ」ということばは、道徳原理ではなく単なるイメージを語っているにすぎないと思われてくる。

生命が神聖であり、かつ、文字どおりの意味で、至上の（絶対的な）価値を持つとするならば、あらゆる場合に、命を終わらせることは悪になる。もし、この考え方が正しいのならば、なぜ絶対の価値を持つのかを論証しなければならないが、これには、「神」を持ち出す以外にないだろう。しかし、なぜ神が絶対的な価値の根拠になるのだろうか。それには、神は神だからと答えるしかない。これは、**ある確固たる直観的信念の（あるいは信仰の）表明ではあるが、論証ではない。**

SOL に基づく論証は、結局のところ、あらゆる道徳的なジレンマを一蹴して「不道徳である」と判定してしまう。私たちは、生命を神聖なものと考えつつも、その先の問いに迷い、「しかしどうしたらよいのか」と問うのである。この論証は、現代に起きている医療の問題に、何の解決も与えてくれない。

（2）無脳症児ベビー・テレサの臓器移植

【例題】：将来の見込みのない無脳症の乳児の臓器を移植用に提供することは許されるか。

ベビー・テレサと呼ばれる無脳症の乳児が、この世に生を受けたのは、1992 年のことであった。

彼女の両親は、テレサが無脳症であること、長くは生きられず、生きている間も自己意識を持つことができないことを知り、彼女の臓器を、移植を待つ他の子どもたちのために役立てることを考えた。担当の外科医たちも賛同を示した。

ベビー・テレサの生まれたフロリダ州では、他の多くの州（国）と同様に、臓器提供者の死亡が確認できるまでは、法律により臓器の摘出が禁じられていた（テレサは、脳幹が残存しているので「脳死」ですらない）。結果として、移植は実行に移されなかった。死後も臓器提供が事実上不可能になっていた。

ベビー・テレサに関する新聞報道がなされると、マスコミや法律家などから、批判がなされた。

無脳症の「ベビー・テレサ」は、大脳と小脳が失われた状態で生まれたが、脳幹が残されているので、自律呼吸と心臓の鼓動は可能であり、法律上は、脳死ではなく「生きている」存在であった。しかし、悲しいことに、テレサは「ただ生きている」だけの存在者であった。

臓器移植を行うために、ただ生きているだけの存在の彼女を「死なせる」ことは、道徳的に許されるのだろうか。

トレイシーの事例と異なるのは、テレサは**自律的存在ではない**と同時に、苦しみから解放されるという「利益」すら持っていない、という点である。したがって、テレサの事例は、関係する全体の人間関係における利益を考慮することによって、その道徳的正当化が試みられる。

以下に示す論証は、関係者の利益に訴える形で、**「功利主義」**という倫理学上の原理による正当化が行われている。

◆論証Ｄ：利益に訴える論証（功利主義）

①他人を害することなしに、誰かに利益を与えることができるならば、そうするべきである。

②臓器移植は、テレサを害さずに、他の子どもに利益を与える。

③ゆえに、臓器移植をすべきである。

功利主義とは、イギリスの哲学者**ジェレミー・ベンサム**によって創始され、**ジョン・スチュアート・ミル**によって展開された倫理学の立場（原理）である。その特徴は、「**最大多数の最大幸福**」というスローガンによって表されているが、より詳しく定式化すると、「**帰結主義**」「**幸福主義**」「**最大化原理**」「**単純加算原理**」の4点により説明することができる。

まず、功利主義は、ある行為や判断の正しさは、その結果・帰結によってのみ評価される（帰結主義）。次に、その結果として求められる善とは、快楽＝幸福であり、避けるべき悪とは、不快＝不幸である（幸福主義）。さらに、その幸福と不幸を計算し、その足し引きした結果が最大化するような行為や判断が正義とみなされる（最大化原理）。そして、功利主義は一人ひとりの幸福を等しく重要なものとみなし、優劣をつけない（単純加算原理）。

このような特徴を持って説明される功利主義は、「功利」という日本語のイメージもあってか、ネガティブな道徳的原理としてみなされることも多い。そして、実際に多くの難点が指摘されてもいる。

しかし、「生命の尊厳」といった考え方、あるいはこの後で述べることになる「義務論」の考え方では**解決不可能なさまざまな倫理的ジレンマに、一定の解決策を提案できるのが、この功利主義の原理**である。根本的な欠陥が見つからない限り、功利主義原理を用いた論証を行ってみる価値はある。

功利主義 Utilitarianism

・功利主義とは「最大多数の最大幸福」を基本的なスローガンとする道徳原理。

功利主義の特徴

（ｉ）**帰結主義：動機ではなく結果で判断。**

（ii）**幸福主義：善＝快楽＝幸福。**

（iii）**最大化原理：「幸福」－「不幸」が最大になることが社会的な善。**

（iv）**単純加算原理：一人を一人として数え、差別しない。**

さて、前置きが長くなったが、論証Ｄの健全・不健全を判定してみよう。まず、①の前提は、功利主義に正当化が可能であるが、功利主義を用いなくとも、端的に正しい前提として認めることが可能だろう。

問題なのは、②の前提である。②は、「臓器移植は、テレサを害さずに、他の子どもに利益を与える」と述べるが、臓器移植は、テレサの命を奪うことなしに実行することが不可能なのだから、明らかにテレサを「害する」ことになるだろう、という反論が想定される。しかし、テレサは、生まれながらにして意識を持っておらず、これからも持つようになる見込みもない。つまり、害することになる「利益」を一切持っていないのである。

確かに、テレサを殺すことはかわいそうであるが、それは周囲の人間の感情である。また、さらに一歩譲って、テレサの命を奪うことは、「周囲の人間の感情を害する」と考えることにより、利益の主張によってテレサの安楽死の不当性を指摘することは可能かもしれない。しかし、功利主義は、「かわいそうである」という周囲の感情（不幸）よりも、臓器移植によって得られる何人かの子どもの利益（幸福）のほうがずっと大きいと考える。そして、まさにその功利の原理により、テレサの臓器移植を正当化するのである。

次に、臓器移植に反対する論証を見ておこう。第１のものは、**義務論**と呼ばれる道徳原理に基づく議論である。

◆論証Ｅ：義務論（目的論）的な論証

①ある人間を別の人間の手段として使用することは間違いである。
②テレサの臓器を摘出することは、彼女を別の人間の目的のための手段として使うことになる。
③ゆえに、テレサの臓器を摘出することは間違いである。

人間を手段として使用するべきではないと言われれば、たしかにそうであると答えたくなるだろう。しかし、そこには注意を要する。

私たちは、自分たちの利益のために、他人を手段として使用あるいは利用して生きている。たとえば、生徒は教師を学力向上や受験対策のために「使用」する。患者は医師や歯科医師を、病気やけがの治療のために「利用」する。使用と述べようが、利用と述べようが、他人をして自己利益の確保の道具としていることにはかわりがない。しかも、ここには何の道徳的問題も存在しない。

他人の使用や利用が道徳的非難の対象となるのは、通例、「詐欺」「強制」「虚偽」を伴う場合のみである。もっと正確に言えば、他者の自律を侵す方法で使用する場合である。義務論の哲学者・カントは、「**他人を手段としてのみ用いるのではなく、目的として扱え**」と述べている。カントが言っているのは、他人を手段として使用することの禁止ではない。**手段として「のみ」用いること、人格や自律を尊重せずに使用することの禁止**なのである。

では、テレサの場合はどうであろうか。このケースにおいては、テレサが騙されているわけでも、強制されているわけでもない。日本でも行われるようになった「脳死臓器移植」が正当化されるときと同じ理由で、テレサは臓器移植に供されるのである。

また、そもそもテレサには「**人格**」や「**自律**」といったものが備わっていない。**人格や自律は、自己意識の確立と一体不可分なもの**だからである。したがって、テレサの臓器を使用することには、直観に反して、道徳的な不正さはないと考えられるのである。

さて、次に、臓器移植に反対する第２の論証は、「殺人は不正である」という端的な道徳的直観に基づく主張である。

◆論証Ｆ：「そもそも殺人は不正である」という主張に基づく論証

①ある人を救うために別の人を殺すことは間違いである。

②テレサの臓器を摘出することは、ある人を救うために彼女を殺すことである。

③ゆえに、テレサの臓器を摘出することは間違いである。

さて、この主張は健全な論証であろうか。

古来、殺人の禁止は基本的な道徳原則の一つであった。**仏教には殺生の禁止**があり、**ユダヤ・キリスト教の十戒**にも「**殺すなかれ**」がある。しかし、「常に殺すなかれ」という道徳原則は、どんな場合にも確立されることはなかった。ノーベル平和賞を受賞したバラク・オバマ米大統領は、オサマ・ビン・ラーディンの殺害作戦の成功に、“Justice has been done.” と述べ、アメリカ国民は（そのすべてではないが）狂喜したのである。

日本においては、現在も死刑制度が残されており、正当防衛による殺人もやむを得ないものとして認められている。また、戦争における殺人は、正義とさえみなされる場合もある。

このように、殺人が常に不正であると考える人は、実際上はほとんどいない。要するに、合理的な理由、やむを得ない理由があるときには、殺人の不正さは阻却《そきゃく》されるのである。

さらに、この論証に対しては、「テレサはすでに死んでいるとみなす」という考え方が出されている。アメリカの倫理学者・ジェイムズ・レイチェルズは、「無脳症は、現在定められている脳死の技術的判定基準を満たすものではない。しかし、おそらくこうした子どもも含むように、脳死の定義は書きなおされるべきであろう」と述べている。

ここに流れている思想は、イギリス・アメリカで主流の考え方＝**「パーソン論」**である。**パーソン論とは、人間の道徳的配慮の対象を「パーソン」＝「人格」に限定しようという考え方**である（「人格論」と訳さず、「パーソン論」と言うのは、日本語の「人格」には「道徳的に立派な」という意味が付着しており、ここでの「意識を司っている主体」というような意味とズレるからである）。

パーソンは、単に生物学的なヒト（ホモ・サピエンスという種）であるだけでなく、**自己意識を持ち、生きる権利を持つ主体**である。単に生存しているだけの存在は、道徳的配慮の対象にはならない。

パーソン論の考え方が正しいかどうかは、にわかには判断できない。英米の合理主義的な精神は、道徳的な配慮の対象とそうでないものを、はっきりと分けることを目指して倫理学上の議論を展開してきた。一方、日本の哲学者・倫理学者である**加藤尚武《ひさたけ》**は、道徳的配慮の対象を、自己意識のあるものだけに限定するパーソン論を批判し、「法律的には不正でないからといって、情緒的には償いをせざるを得ないという心情」があるとし、**パーソンでないものにも道徳的な配慮が可能である**ことを指摘している。

2-3.「死ぬ権利」はあるのか？

■■問題 2-3 ■■

資料文を読んで問題に答えなさい。

［山形大学医学部 2006 年度前期］

一冊の本を読んだ。「僕に死ぬ権利をください」（NHK 出版）。ヴァンサン・アンベールは 19 歳のときに交通事故に遭った。病院に着いたときは、医師はもうあきらめるようにいったが、母親はあきらめなかった。９カ月の看病ののちに、ヴァンサンは奇跡的に意識を取り戻した。しかし、意識を取り戻したヴァンサンは自ら非常に惨めであると感じた。からだはまったく動かず、目は見えず、耳は聞こえるが、声は出せなかった。その上にからだの苦しみ、痛みがあった。右手だけをわずかに動かすことができた。

右の親指で合図をすることによって、ヴァンサンは意思を伝えることができるようになった。「死にたい」というのが彼の強い願いであった。そして、看病する母親に、自分を殺してくれるように頼んだのである。彼はバルビツール系鎮痛剤を母親に注入してもらい、死に至った。この事件にフランスの人々は衝撃を受けた。母親は自殺幇助の罪に問われた。

私も、もうこれ以上生きられないという苦しみを味わったことがある。激しい腹痛と不整脈で、七転八倒の苦しみであった。食べ物が喉を通らなくなって、心臓の近くの太い静脈にチューブを入れて、そこから栄養を補っていた。中心静脈栄養という方法である。

私には、中心静脈栄養は過剰医療であると思えた。この方法で栄養液を補っているために、とうに私には死期が来ているのに、死なせてもらえないのである。私は、もうこれ以上苦しみに耐えられないから、点滴を抜いてほしいと主治医と家族に頼んだ。

家族の驚きは、私の予想を遥かにこえていた。それまでも、私はいのちは自分のものであるという考えには抵抗を持っていたが、ここで改めて、家族の愛情の深さを認識し、医師にも申し訳ないと思った。点滴を止めた医師は、殺人を犯したような罪悪感にさいなまれるにちがいない。こんな苦しみは、もう一瞬も我慢できないと思うのに、死ぬことは許されない。この苦しみから逃れるすべはないのだろうか。

このときは偶然、精神科医に三環系の抗うつ剤を痛み止めとして処方され、私は苦しみから救われた。医学が今日のように発達していなかったときには、死の問題はこれほど複雑ではなかったのではなかろうか。たとえば、昔なら確実に死んだ重い脳梗塞の人が植物状態になることがある。呼吸の止まった人には人工呼吸器をつけるからだ。一昔前であれば、静かに呼吸が止まって、患者は家族や医師に見守られながら死ぬことができた。安心して医師に任せられた。

医療現場で、患者や家族の意思が尊重される機運が生まれるきっかけとなったのは、カレン・アン・クインラン事件で、1976 年のことであった。

カレンは昏睡状態に陥り、その状態が数ヵ月続いた。回復の可能性のないことを知ったカレンの両親は、病院と主治医にカレンの人工呼吸器をはずしてほしいと要求した。しかし、病院はそれを拒否した。クインラン夫妻は訴えを起こし、1976 年、アメリカ、ニュージャージー州の最高裁判所で、勝訴した。クインラン側の勝訴によって、患者の意思を実現するのは医師ではなく、裁判官であるということになった。この判決は、医師の行為を弁護士が指示するという画期的な先例となった。その基本原理は、「患者の自己決定権」を守ることにあった。

オランダやアメリカのオレゴン州では、「安楽死法」ができていて、ある条件を満たせば、医師に死に至る薬の処方箋を書いてもらえることになっている。けれどもいずれの場合も、患者に死期が迫っていること、激しい苦痛がある状態であることという条件がついている。これは私がそうであったように、死ぬ見込みもなく、激しい苦痛のある人は、苦しみ続けなければならないということであろうか？

いのちはその人個人のものであろうか？　そうであるなら、自分で自分の死を決めてよいのか。これにも疑問が残るのだ。私は自分の経験から、それはちがうと思う。一人の人のいのちは多くの人々の心の中に分配されて存在している。分配されたいのちは分配された人のものである。

また、「私」という存在は、40億年の間、とぎれることなくDNAが複製され続けて生まれたものである。いのちは自分だけのものではないということと、想像を絶する長さの歴史を持っているということが、いのちが尊いゆえんであると思う。日本ではほとんど議論されないままに、医師主導で尊厳死協会などができて、治療の存続を患者自らが決めるものという考え方が大きくなりつつあるようだが、本当はいろいろな意見があってしかるべきであろう。

死に対する感情、死の文化は国によって大きくちがうはずである。その国の人々の脳のモジュール（基本構造）には、長い歴史によって、その国の人々の感情が記されている。よその国の法律をそのまま持ってくるべきではない。今後ますます終末期医療の問題は複雑になってくるであろう。どれが正しいと断言できることではないだけに、さまざまな考え方にも耳を傾ける環境が整うことを願っている。

出典：柳澤桂子「宇宙の底で」―いのちは誰のものなのか―（朝日新聞 2005 年 1 月 11 日付朝刊）

問 1．資料文の要旨を 200 字以内にまとめなさい。

問 2．死の問題を複雑にしている背景は何だと著者は考えているのか、200 字以内で説明しなさい。

問 3．下線部に関する著者の考えに対して、あなたの考えを 400 字以内で述べなさい。

（1）いのちは誰のものなのか

死をめぐる自己決定の問題については、問題の「資料文」にも 2 つ目の例として挙がっている**カレン・クインラン事件**が有名なので覚えておこう。以下、概要を述べておく。

1975 年（アメリカ）、カレン・クインランは飲酒と精神安定剤により急性薬物中毒になり、**植物状態** vegetable state に陥った。両親は人工的な生命維持装置による延命を拒み、装置の取り外しを望んだが、病院側は拒否した。はじめ、ニュージャージー州裁判所は、「患者が自分の意志を決定できない時は、患者は生きつづけることを選ぶ、とみなすのが社会通念である。生命の尊厳が存在していること自体が、生命のあり方より重みをもっている」としたが、カレンの父親は上訴し、その結果、ニュージャージー最高裁判所は「**生命尊重の大原則より、死を選ぶ個人の権利が優先されるべきである、**

今後治療をつづけても回復の見込みがまったくない、との結論が出た場合には人工呼吸器をとめてよい」とした。つまり、カレンの死ぬ権利を認め、父親がカレンの意志決定を代理できると判断したのである。これ以来、延命治療を拒否できるという考え方が広まった。

さて、カレン・クインラン事件では、課題文中にもあるように、裁判所は、患者の「**自己決定権**」the Right to Self-Determination が、「**生命尊重**」Respect for Life の大原則よりも優先するという考え方を示した。それは、このような究極的な場面においては、患者の「**死ぬ権利**」the Right to Die を認めることと同じことである。

その後、本文中の１つ目の例である四肢麻痺障害のヴァンサン・アンベール（2003 年）の事件では、最終的に、幇助により自殺に導いた母親と主治医は、無罪を言い渡されている。この事件により、安楽死に関する法的・道徳的なジレンマが浮き彫りとなったが、自ら望んで選んだ死については、少なくとも法的には罪を問わないという原則が、フランスにおいても貫かれたことになる。

このような考え方について、課題文の筆者は、疑問ないしは違和感を表明している。その問いかけが、下線部の「いのちはその人個人のものであろうか？ そうであるなら、自分で自分の死を決めてよいのか」である。

そして、その問いかけに対して筆者は、「それはちがうと思う。一人の人のいのちは多くの人々の心の中に分配されて存在している。分配されたいのちは分配された人のものである。…40 億年の間、とぎれることなく DNA が複製され続けて生まれたものである。いのちは自分だけのものではないということと、想像を絶する長さの歴史を持っているということが、いのちが尊いゆえん」と答えている。つまり、筆者は、個人の「死ぬ権利」という考え方を（直接的ではないが）拒否しているのである。

（2）問1の解答案：要約作成

問1は、字数が非常に少ないので、工夫が必要である。ポイントとしては、資料文のテーマ（患者の自己決定権＝死ぬ権利を認める考え方について）、テーマに対する筆者の意見（自己決定権を単純に認めてはいけない）、その根拠（いのちは人々の心の中に分配され…云々）、そして日本における安楽死（尊厳死）容認の議論に対する意見（拙速に安楽死を認めてはいけない、死の観念・文化は多様だ）、これらを抜粋した上で、短い表現に置き換えて書くことである。

■■解答案 2-3（問 1）■■

人工的な延命を望まない患者やその家族は、「自己決定権」を根拠に、自ら命を絶つことが許される場合がある。しかし、命はその人個人のものであり、自分で死を決めてよいかといえば、そうではない。なぜなら、命は多くの人の心の中に分配されており、想像を絶する長さの歴史を持っているからである。日本でも、患者の自己決定権の考え方が主流になりつつあるが、人の死に方は、どれが正しいと断言できる問題ではない。(194字)

（3）問2の解答案：読解

問2は、逆に字数が多い。このあたりの問題の作り方は、結構いい加減である。出題者はもっと入念に字数を計算してほしい。

さて、しかし、そう文句も言っていられない。簡単にまとめれば、150字で足りてしまうが、ここは問題の条件を満たさなければならない。200字以内の指定であるので、少なくとも180字程度は字数を埋めたほうがよい。

■■解答案 2-3（問 2）■■
死に対する感情、死の文化は国によって大きく異なり、その国の人々の脳の基本構造には、長い歴史によって、その国の人々の感情が記されている。したがって、人の死に関する考え方は、どれが正しいと断言できることではない。それなのに、日本では、ほとんど議論がされないまま、欧米流の「患者の自己決定権」に基づく死の考え方が導入されようとしている。このような事情が、死の問題を複雑にしていると筆者は考えている。（196字）

（4）問３の解答案：意見論述

さて、最後の問いである。ここからが、あなたの意見を述べる「小論文」の問題だ。下線部は、筆者の問いかけの体裁になっているが、実際の意味としては「反語」である。それは、わざわざこの直後に「これにも疑問が残るのだ」「私は自分の経験から、それはちがうと思う」と書いてあるから、はっきりとわかるだろう。

筆者は、いのちを個人が所有するという観念（自己所有権）と、それとほぼ同義の「死の自己決定権」という観念を退けている。理由は、その直後に書いてある通り、「いのちは自分だけのものではないということと、想像を絶する長さの歴史を持っているということ」である。

筆者の考えについてあなたの意見を述べるというのが問いの要求であるから、筆者の考えとその根拠について言及することが重要である。

論文というのは、一種の「対話」である。したがって、筆者の議論（意見と論証）を無視した意見構築は、対話のマナー違反であり、かつ、ルール違反でもある。マナー違反もルール違反も、減点もしくは不合格にされる可能性が高いから、ぜひとも気をつけてほしい。筆者の意見と論証をあなたはどう評価するか、というのが、求められている「意見」なのである。

（5）問3の解答案①：反対意見A

■■解答案2-3（問3）①■■

私は、筆者の考え方に同意できない。なぜなら、個人は自分の命と身体を所有する主体であるからこそ自由であることができ、自由であることが生きがいの最も重要な要素であると考えるからである。ゆえに、基本的に命が個人のものであると考えることは否定できない。

筆者は、命は多くの人々の心の中に分配されて存在しており、自分だけのものではない、と述べている。これは、自分の存在が家族や友人の愛情によって受け入れられており、それに対して個人は感謝の念を抱くべきであるという道徳的レベルの話であるならば、同意してもよいだろう。しかし、だからといって、個人が自らの命を含む身体を自由に支配し処分する権利を持たないということにはならない。権利と道徳は異なるのである。

命は自分だけものではないという道徳観念を持ちつつ、永遠の苦しみから逃れるためにやむを得ず死を選ぶ個人の権利は、やはり認められるべきである。（389字）

解答案2-3（問3）①は、自由主義倫理学の基本概念である「**自己所有権**」Self-Ownershipの考え方を根拠として議論を展開したものである。自己所有権は、自由主義でもとくに「**リバタリアニズム（自由至上主義）**」Libertarianism や「**古典的自由主義**」Classical Liberalism という立場が最も尊重する権利である。

自己所有権のテーゼを定義すると、「各人は自分自身の人身と能力の道徳的に正当な所有者である。それゆえ、各人は他の人々を侵害しない限りで、その能力を自分の好きなように用いる自由がある」ということになる。簡単に言えば、自分の身体とその能力は、自然に考えれば自分のものであるから、他人に危害を加えなければ、自由に身体を動かし、能力を用いてよい、ということである。

リバタリアニズムや**古典的自由主義**が自己所有権を重視するのは、日本国憲法にも出てくる「人身の自由」や「精神的自由」、「政治的自由」といった**あらゆる自由（基本的権利）が、すべて身体を基礎とする自己所有権に由来すると考えるから**である。

言い換えれば、自己所有、つまり自分の身体を持ち（命を持つということでもある）、それを自由に動かすということが、精神的自由や、表現の自由、政治的自由などが可能となる条件になっているということでもある。

自己所有権とは、いろいろな「○○権」や「△△権」と並べられる権利ではない。**あらゆる権利が、自己所有権の「具体的な例」なのである**。あらゆる自由（権利）が自己所有権に「由来する」というのは、このような意味である。

（6）問３の解答案②：反対意見Ｂ

■■解答案 2-3（問 3）②■■

私は、筆者の考え方に同意できない。なぜなら、自分のことを一番よくわかっているのは自分であり、治療方針の決定に関しては、たとえ治療の停止であったとしても、基本的には自分がその方針の良し悪しを決定する権利があると考えるのが妥当であるからである。
　筆者は、死に方に関してはいろいろな意見があってしかるべきであり、死に対する感情、死の文化は国によって大きくちがうと述べている。しかし、死に到るまでの苦痛を被るのはあくまで自分という個人であり、その具体的な苦しみを感じるのも自分にほかならない。そして、その苦痛は究極には自分だけの感覚であり、親しい者に分有されることはない。
　死に対する考え方が国や文化に相対的だというのは、たしかに一面の真理である。しかし、苦痛の主体、どれほどの苦しみであるかを理解できる主体は自分という個人だけであることは、文化に依存しない普遍的な根拠なのである。(385字)

　解答案2-3(問3)②は、「自己所有権」と同じく自由主義的倫理学の基本的な原則とされる「**自己決定の尊重**」を根拠として議論が展開されている。
　医療倫理における**自己決定**は、「**自律**」Autonomie(独) Autonomy(英)とほぼ同義とされる。「自ら律する」の字義通り、自律とは、自分の従うべきルールを自ら立てるということを意味する言葉である。これはもともとドイツの哲学者カントの用語であるが、カント倫理学においては、単純に自己決定を表す概念ではない。しかし、現代の生命・医療倫理においては、自律を自己決定と同じ意味を表す概念として扱っている。
　自己決定の尊重は、医療倫理でしばしば用いられる原則のうち、もっとも中心的なものとされている原則である。この原則の具体的な基準を述べたものとして、「**他者危害(原則)**」the Harm to Oth-

ers Principle という考え方があり、これはイギリスの哲学者 J・S・ミルが著書『**自由論**』“On Liberty” で展開した議論がもとになっている。これは、正確には自己決定原則の「基準」を述べたものなので、「他者危害基準」と言ったほうがわかり易いかもしれない。この基準の定式化は以下の通りだが、重要な考え方なのでしっかり覚えておいてほしい。

すなわち、**(1) 判断力のある大人なら、(2) 身体と生命の質を含む「自己のもの」について、(3) 他人に危害を加えない限り、(4) たとえ当人にとって理性的に見て不合理な結果になろうとも、自己決定の権利をもつ**、というものである（加藤尚武氏による整理）。

さて、なぜ自己決定あるいは自律が重視されるのかと言えば、**自分のことは自分が一番わかっているはずだという前提**が受け入れられているからである。少なくとも、痛みや苦しみ、楽しみや喜びといった感覚・感情は、自分自身しか知ることができない。ここで問題になっている**痛みや苦しみは、もっとも主観的なもの**であると言えるだろう。仮に命が自分以外の人と「分有されている」ということが可能だとしても、痛みを分有することは不可能である。

上記に述べたことを踏まえれば、終末期医療における自己決定を認める議論には、十分な説得力があると考えてよいだろう。

（7）問 3 の解答案③：賛成意見

■■解答案 2-3（問 3）③■■

私は、筆者の考え方に同意する。

たしかに、自分のことを一番よくわかっているのは自分であるから、自分という個人に治療の停止の良し悪しを決定する権利があると考えることには一理ある。しかし、生命はそもそも自然からの賜物であり、獲得したり処分したりできるものではない。したがって、生命それ自体は誰かに譲渡することもできない。よって、命に所有権概念を適用し、「自分のものだから、自己決定で処分してよい」と考えることは単純な錯誤である。

生命への権利、あるいは死ぬ権利は「譲渡可能性」という点で、他の所有物とは本質的な差異がある。生命が自然からの賜物であるという「被贈与的性格」を持つがために、人は人生に対して謙虚になることができ、運命を受け入れることができるのである。筆者も述べるように、40億年の間、とぎれることなくDNAが複製され続けて生まれたものが「私」という命なのである。(380字)

最後の解答案2-3(問3)③は、筆者に同意する議論になっている。筆者の意見に同意する場合は、筆者の意見の根拠をそのまま用いるわけにはいかないので、筆者の意見の根拠に加えて、新たな別の根拠を用いて補足するとよいであろう。

この解答案を作成する際に参考にしたのは、「**共同体論者**」communitarianとして知られる、ハーバード大学教授の**マイケル・サンデル**が、リベラリズム批判の際に用いる概念、「**生命の被贈与性**」the Giftedness of Lifeという考え方である。「**被贈与性**」とは、簡単に言うと、**生命は天から一方的に与えられたものである**、あるいは、**命は自然からの賜物である**、という考え方だ。この考え方を根拠に用いると、「生命は自己の所有物ではない」ということになり、自己の所有物でないから、「勝手に譲渡も処分もできない」という結論が得られる。

…第３章 生殖医療とクローン技術をめぐる問題…

この章では先端医療のテーマから、生殖医療（Reproductive Medicine）とクローン技術に関わる問題を扱う。

これらの問題への解答は、決して一つではなく、いまだに専門家の間でも議論が続いている。

このように医療倫理の問題は、大学入試レベルの字数の少ない小論文で答えることができないような広さと深さを持っている。しかし、解答を試みる際の思考の原則は、意外と数が少ないものである。自由主義なり功利主義なり、それぞれの基本的な発想を身につけておけば、少なくとも、「どのように考えるべきか」はわかるようになる。これらの考え方をしっかりと理解して、使いこなせるようにしてほしい。

＊＊＊＊＊＊＊＊＊＊＊＊＊＊＊＊＊＊＊＊＊＊＊＊＊＊＊＊＊＊

3-1. 生殖医療のリスクとプライバシー

■■問題 3-1 ■■

次の文章を読んで問いに答えなさい。

［北里大学 医学部 平成 21 年度］

① 世界初の「試験管ベビー」の誕生から 30 年がたった今、体外受精は珍しいものではなくなった。これからの 30 年でも、また同じくらいに変革的な技術が生み出されるかもしれない。

② ここは英国。とある病院の分娩室でその子が生まれたのは、もう日付も変わろうとしているときだった。体重 3400 グラム。それは、普通でない赤ちゃんの、普通の誕生だった。この日―2038 年 7 月 25 日―の記念に、両親は新聞を１部とっておく

ことにした。両親にとって、この子は夢見ていたとおりの子だった。それはそうだ。両親は医学的に可能なことはすべて確かめたうえで、この子を産んだのだから。彼らは、胚の段階で細胞を１～２個取り出し、ゲノムの塩基配列を調べた。彼らはまた、体外受精操作で作ったほかの複数の胚についても同じことをしていた。そのなかでこの子を選んだのは、病院の Baby's First Four Letters ™ 分析で、この胚なら、やせ型で幸せな、がんと無縁の子に育つ確率がいちばん高いといわれたからだった。

③ さて、あなたはこの 30 年後のシナリオに現実味を感じるだろうか。今から 30 年前の 1978 年 7 月 25 日、私たちは史上初めて、体外受精児の誕生を迎えた。新聞各紙はこの子をスーパーベイブとよび、両親は Louise Brown と名づけた。以来、初めは人々を驚愕させ、多くの異論を生んだ体外受精も、ごく当たり前にとらえられるようになった。この世に生を受けた体外受精児は、すでに 400 万人にのぼる。今回は、今後の 30 年について、生殖医療の専門家に予想してもらった。一部の技術は、実現すれば同じように革新的なものになりそうだ。

④ 例えば、体細胞から精子と卵子が作製できるようになったらどうだろう。体外受精用の材料がふんだんにもたらされることになり、不妊症が完全に過去のものとなる可能性がある。また、このシナリオでは胚も大量に供給されるようになることから、遺伝子の選別が不可欠なものとなるかもしれない。生殖細胞や胚を遺伝子レベルで増強したり改変したりすることも、広く認められていく可能性がある。

⑤ すでに、現代社会は個別化遺伝学の時代に入りつつあり、コストを負担すれば誰でも既知のリスク遺伝子を調べてもらうことができる。まもなく、一般個人の全ゲノム配列の解読も実

現されるだろう。こうした技術は、体外受精を取り扱う医療機関にも広がるはずだ。たしかに、何千もの遺伝的リスク変異がさまざまな健康状態の要因となっているわけで、遺伝的に完璧な将来が約束された胚など存在しないと考えられる。しかし、こうした技術があれば、例えば家族を苦しめるパーキンソン病を避けるなど、両親は子どもに与えたい形質として譲れないもの５項目のリストを作成し、その基準に最もよく当てはまる胚を選ぶことができるのだ。はたまた、知能や野心など、健康とは無関係の側面が注目される可能性もある。遺伝子選別に関する倫理的問題を問う議論は、今後数年で熱を帯びてくる気配があり、また、実際にそれは議論されるべき問題である。

⑥ 一方、体外受精の安全性懸念は、30 年たった今でも解消されていない。体外受精が重大な害を及ぼすわけではなさそうだが、より小さな問題については、今後、膨大な数の子どもたちが中年以降の年齢に差しかかって初めて顕在化してくるのかもしれないのだ。しかし、そのような研究はまだほとんど着手されていない。体外受精児を追跡する大規模な記録はほとんど存在せず、着床前遺伝子診断などのごく新しい技術を施された子どもたちの情報となると、さらに少ない。そのような長期の研究は、親子のプライバシーを守る必要があるとともに、参加したがらない親子が多いことから、高コストで困難なものとなっている。しかし、そうした記録の優先度は高い。次世代の生殖補助技術が登場してくるなか、その重要性はさらに高まる。確かに、子を産もうという人はリスクを負う必要があるのだろうが、少なくともそれがどんなリスクなのかは知っておくべきだ。

⑦ やはりこの 30 年で解決されなかった問題として、十分な安全性と倫理的要求を確実に満たすにはどうすべきか、というこ

とが挙げられる。解決モデルの1つとして、幅広い評価を集めている英国のヒト受精・胚機構では、規則の制定と施行にあたり、法的な裏づけを得ることになっている。しかし、そうした規制の存在しない米国のような国では、透明性や安全性の確保、それに、両親と生まれてくる子の双方に対して最善の結果を約束することは、医師の責任に委ねられている。
⑧ 確かなことが1つある。未来に生まれてくる子自身は、巻き起こる議論や、自らの出生の技術的経緯など知る由もなく、この世に出てくるだろうということだ。その子の存在は、人間の生物学にもはや神聖なものなど存在しないことの実証となるだろう。だからこそ研究者は、実験室でのスタートの瞬間から、人間の生殖が何ら貶められるものではないことを約束する必要がある。

（Nature digest 日本語編集版 2008年9月号）

問1．文章に見合った30字以内のタイトルを付けなさい。
問2．生殖医療について作者はどう考えているか。具体的に200字以内でまとめなさい。
問3．生殖医療の十分な安全性と倫理的要求を確実に満たすためにはどうしたらよいか。3つのキーワード（選別、リスク、プライバシー）を用いて800字以内で論述しなさい。

（1）問題3-1の解説

問題文は、**生殖医療（生殖補助医療、生殖援助技術**：Assisted Reproduction Technology = ART）のリスクとプライバシーに関する文章。イギリスの科学雑誌『ネイチャー』ダイジェスト版の日本語訳に掲載されたもので、いわゆる「社説」（編集後記のような位置づけ）である。この文章は、論証型の厳密な論文ではなく、新聞記事風の説明文と著者の主張が織り交ぜて書かれてある。したがって、著者の考えを理解するには、事実の記述と、著者の意見の記述をしっかり判別して読むことが重要になってくる。

さっそく、問１〜３を見てみよう。問１がタイトル付け、問２が著者の意見の要約、問３が、解答者の意見の論述になっている。問１のタイトル付け問題は、文章全体の内容を理解した上で適切なものを見つけ出す作業になるので、先に問２から答えを作成するのがよい。

（2）問2の答え方

では、問２から考えていく。「生殖医療について作者はどう考えているか」をまとめる問題である。現代文や英語などその他の科目の試験でも同様だが、問題が何を求めているのか、落ち着いてよく理解してから答えるようにしよう。「作者はどう考えているか」を要約する問題である。また「具体的に200字以内で」と書いてあるが、具体例を書き込める字数ではないので、ここでの「具体的」とは、「わかりやすく書く」という意味だと解釈しておこう。

さて、本文中には、**「試験管ベビー」**以来の事実の説明と、その事実に対する筆者の評価、そして、筆者の積極的な意見・主張がそれぞれ書かれてある。解答案は少ない字数で書かなければならないので、生殖医療の事実をごく簡単に説明し、残りのスペースをフルに使って筆者の評価と主張をまとめるようにしよう。

まず、生殖医療の事実については、世界初の「試験管ベビー」の誕生から30年がたったこと、今は、体外受精は珍しいものではなくなったこと、今後も、変革的な技術が生み出される可能性が高いこと、が書かれてある。これが、生殖医療の過去・現在・未来である。簡単に言えばこれだけだ。

次に、生殖医療の事実に対する作者の評価はどのように書かれてあるか。④段落「不妊症が完全に過去のものとなる可能性がある」、⑤段落「家族を苦しめるパーキンソン病を避ける」などとあるように、生殖医療の進歩によるプラスの側面を認めている。しかし、⑥段落では、「体外受精の安全性懸念は、…解消されていない」、プライバシーと高コストが原因となり「(問題が起こるリスクについての) 研究はまだほとんど着手されていない」など、マイナスの側面についての懸念も表明している。そして、⑦段落では、「十分な安全性と倫理的要求を確実に満たすにはどうすべきか」という問題が未解決であることを述べている。

これらの記述を受けた⑧段落で、作者は、未解決問題へのアプローチとしてイギリスの機構の紹介を行い、アメリカなどの国でのルールの未整備を指摘する。そして、生殖医療によって生まれてくる未来の子どものために「研究者は、実験室でのスタートの瞬間から、人間の生殖が何ら貶められるものではないことを約束する必要がある」と結んでいる。作者が積極的な意見として述べている箇所は、この最後の部分である。

■■解答案 3-1（問 2）■■

生殖医療は、現在では珍しいものではなくなっている。今後は変革的な技術によって、不妊症や遺伝病が克服されるかもしれない。しかし、作者は、その安全性は完全には確認されておらず、今後のリスクについても研究が進んでいないと考えている。また、生殖医療は、安全性だけでなく、倫理的要求も確実に満たされることが重要と考えている。生殖医療によって生まれた命は、決して貶められないようにしなければならないからである。（句読点含み 199 文字）

字数が少ないので、生殖医療に対する著者の評価と意見に的を絞って記述するのがポイントだ。

実際の試験での配点は不明だが、問２の点数が 10 点であったと仮定し、私なりの採点基準を示しておこう。まず、「生殖医療の安全性への懸念」についてふれられていない解答はマイナス４点。「倫理的要求について」書かれていない解答も、マイナス４点。両方とも全くふれられていない場合は、ゼロ点である。

（3）問1の答え方

問２の答えができたので、この要約をもとにして、タイトルを考えてみよう。

要約が 200 字と短かったわりに、タイトルは 30 字以内と、かなり長めの指定になっている。文章にタイトルを付けるときの考え方はさまざまあるが、ここでは試験であることも踏まえて、著者の意見から、もっとも中心的な主題・主張がわかりやすく伝わるものを抜き出してくる、という方針で考えることとする。

■■解答案 3-1（問 1）■■

（案①）「30 年後の生殖医療に向けて現在の私たちに求められていること」（28 文字）

（案②）「試験管ベビーから 30 年。今こそ突きつけられる生殖医療の課題」（28 文字）

（案③）「安全性と倫理的課題を確実に満たす生殖医療の道を」（23文字）

案①と②は、「生殖医療に課題がある」ということを表現するにとどめている。案③は、結論部分の表現をそのまま使い、課題の中身（安全性と倫理性の確保）まで表現している。どちらが良いタイトルかは、これらが「誰のために」（誰に読んでもらうために）掲げられるかによって異なるが、案②がいちばんスマートな解答だろう。案③は、業界新聞の見出しのような、ややダサい印象はあるが、文章の内容が最もはっきりとわかるタイトルにはなっている。

タイトル付けの問題は、文章の理解度を測る目的で出題されているので、採点は「文章の内容を予測させるものになっているか」によって良し悪しが判定されるはずである。したがって、「生殖医療に課題がある」ということに全くふれられていないものは、すべてゼロ点である。要約ができれば、確実に得点できるはずなので、絶対に落とさないようにしよう。

ちなみに、問題文出典の“*Nature digest*”の実際のタイトルは、“*Life after SuperBabe*”（日本語版では「試験管ベビーに続く命」）となっている。スーパー・ベイブといわれた、最初の生殖医療による赤ちゃん（ルイーズ・ブラウン）以降、過去・現在・未来の“Life”（生命＝人生）について、どんなことがあったのか・どんなことがあるのか、と予想を促す絶妙なタイトルだと思う。ただし、試験ではこのような修辞的なタイトルを考える必要は全くない。

（4）問3の答え方

いよいよ問3だ。本文には、「生殖医療の十分な安全性と倫理的要求を確実に満たすためにはどうしたらよいか」については、問題解決のモデルとして「幅広い評価を集めている英国のヒト受精・胚機構では、規則の制定と施行にあたり、法的な裏づけを得ることになっている」とあるだけで、具体的な提案はなにも書かれていない。ヒントはほとんどゼロなので、実際に自分自身の意見を構築して書かなければならない。

「３つのキーワード（選別、リスク、プライバシー）を用いて」と指定されているが、これらのキーワードがヒントになる。本文中から、それぞれのキーワードの意味を抜き出してみよう。まず、本文上で使われているキーワードに、アンダーラインを引いておく。そして、それらがどのような意味で使われているかを文脈から考えていこう。

まず「選別」というキーワードについて考えてみる。生殖医療における「選別」を考えると、**体外受精**（in-vitro fertilization：IVF）において作られる複数の受精卵（胚：embryo）から、適切な（できれば欠陥のない・遺伝的に健康な）**受精卵を選別**することを意味するだろう。ただし、本文の④段落で、「このシナリオでは胚も大量に供給されるようになることから、遺伝子の選別が不可欠なものとなるかもしれない」とある。したがって、胚そのものを選別するというよりも、その胚の遺伝子レベルでの選別が問題となっていることに注意しなければならない。

これは、以下の予想に繋がっていくことになる。「両親は子どもに与えたい形質として譲れないもの５項目のリストを作成し、その基準に最もよく当てはまる胚を選ぶことができるのだ。はたまた、知能や野心など、健康とは無関係の側面が注目される可能性もある」（⑤段落）。

このように、とりわけ優秀な遺伝子を「選別」することや、気質・

性格までもが「選別」の対象になることが指摘されている。選別が倫理的な問題となるのは、このステージからである。一般的には、**異常な（不健康な）状態を正常に（健康に）治すのが通常の医療のあり方**とされている。しかし、**ここでは、正常な遺伝子の中からより良いものを選ぶような事態が想定されている**のである。仮に「不健康な遺伝子ではなく健康な遺伝子が選ばれる」ことが倫理的に問題がないとしても、「健康な遺伝子の中から特に優秀な遺伝子が選ばれる」こととなると、漠然とした倫理的違和感を持つ人も多いだろう。作者も「遺伝子選別に関する倫理的問題を問う議論は、今後数年で熱を帯びてくる気配があり、また、実際にそれは議論されるべき問題である」と述べている。

次に、「リスク」というキーワードについて考えていこう。本文中におけるリスクという用語は、⑤段落「コストを負担すれば誰でも既知のリスク遺伝子を調べてもらうことができる」とか、「何千もの遺伝的リスク変異がさまざまな健康状態の要因となっている」などという記述の中に使われている。しかし、作者が人々に注意を促しているリスクは、このようなリスクとは異なる。上記のような、生殖医療がその目的として避けるべきリスク（パーキンソン病になるリスクとか、なんらかの障害を持って生まれてくるリスク）ではなく、生殖医療が行われることによって、何年後かに（あるいは何十年後かに）発現してくるような、**未知のリスク**のことなのである。

「体外受精が重大な害を及ぼすわけではなさそうだが、より小さな問題については、今後、膨大な数の子どもたちが中年以降の年齢に差しかかって初めて顕在化してくるのかもしれない」（⑥段落）と書かれている。問題となっているリスクとは、つまり今は顕在化していない将来の安全性への懸念のことなのである。

「確かに、子を産もうという人はリスクを負う必要があるのだろうが、少なくともそれがどんなリスクなのかは知っておくべきだ」（⑥段落）と著者が述べるときのリスクは、生殖医療を受けるときに避けるべきリスクだけでなく、ある重大なリスクを避けようとした結果、副作用的として被るかもしれない未知のリスクを含んでいる。そのような未知のリスクについてどのように考えるかがポイントになる。

最後に、「プライバシー」というキーワードについて見ていこう。本文中には、⑥段落にその記述があるのみである。「体外受精児を追跡する大規模な記録はほとんど存在せず…そのような長期の研究は、親子のプライバシーを守る必要があるとともに、参加したがらない親子が多いことから、高コストで困難なものとなっている」。

この文章で言われている「親子のプライバシー」とはどのようなものだろうか。それは、胚がどのような選別によって使われたか、その時の胚の状態はどうであったか、などの諸事実を、**本人と医師以外の他人に語らないでおく権利**のことである。また、自分がはたして体外受精によって生まれてきたのかどうなのか、こういったことも**生まれてきた子自身がどこまで知るべきなのかという問題**にもつながっている。

通常、生殖医療においては、父親、母親、子の三者が医療における当事者＝患者ということになる。患者のプライバシー権は、前章までに何度か学習した医療原則のうちの第一原則「**患者の自律（自己決定）の尊重**」からストレートに出てくる権利である。自分に関する情報を医師に開示した患者は、他の誰がその情報を知るべきかを決める権利（自律権・自己決定権）をも有する。そして、それゆえ**医師は、原則的に患者の許可なく第三者に本人の情報を伝えてはならない**ということになる。

したがって、プライバシーの権利は、医療原則からも重要な権利として扱われ、その結果、生殖技術の未知なるリスクを研究するための事例（情報）の提供が少なくなるというジレンマも生じることになる。⑥段落で作者は、「しかし、そうした記録の優先度は高い。次世代の生殖補助技術が登場してくるなか、その重要性はさらに高まる」と述べ、プライバシー度の高い患者情報の必要性を指摘している。

では、以下、これらの本文中に書かれたキーワードの分析によって得られたことをヒントに、解答案を作成してみることにする。

■■解答案 3-1（問 3）■■

まず、生殖医療の安全性確保のために、生殖医療において予想されるあらゆるリスクの研究を進めなければならない。そのリスクの中には、不妊治療を行なう場合の実際のリスクだけでなく、何十年後かに発現してくるようなリスクや、生殖医療によって生まれた子どもが自分たちの子を作る時になって現れるような、遠い未来のリスクも含まれる。

次に、倫理性の確保のための道としては、社会のルール作りをあらゆる問題の発生に先行させて行なうことが重要となるだろう。たとえば、生殖医療技術が進化し、遺伝子レベルでの受精卵選別が可能となった場合、遺伝子に優劣をつけて選別する新たな「優生思想」が復活することになる。この問題については、好みによる選別など過度な行為を規制すること等の対策が必要になる。

しかし、単なる規制では解決しがたい問題もある。たとえば、匿名の第三者から精子の提供を受けて行なわれた体外受精などの場合において、生まれてきた子の知る権利と、匿名希望である第三者のプライバシーのどちらを優先させるかという問題である。また、安全性のための研究には、多くの生殖医療の長期にわたるデータが必要になるが、当事者のプライバシーを守る倫理的要求と矛盾が生じるという問題もある。このような問題には、社会全体の豊富な経験の蓄積によって、徐々に結論を出していくしかないだろう。

結局、生殖医療の安全性と倫理性の両立のためには、許容する生殖医療の範囲を、実際に実施可能な技術の進展よりもずっと遅くすることが必要となるのである。現在の研究からは予測もできないようなリスクに対処するためにも、ルールの構築は急いでも、規制の解除はゆっくり進めることを原則とするべきである。また、無理な生殖医療よりも、愛情で結ばれる養子縁組を選ぶことが推奨されるような、多様な親子のあり方を許容する社会の構築も重要な考え方となるであろう。（782字）

この問題では、解決策を提示して説明しなさいという具体的な指示がなされているため、**設問に直接答えることを優先**した。したがって、論文に必要な論証をきちんと盛り込むことはしていない（ふつう「論文」と呼ばれる文章の中心には、自分の意見の正しさを説明する「論証」が必要となる。しかし、問題の条件を満たした解答を作成すると、多くのことを述べなければならなくなり、論証のための字数には到底足りないことになる）。

今回扱った問題は、課題文と同様、厳密な論証のある論文を求めているのではなく、**キーワードを適切に組み立てて説明するレポート能力、報告・説明能力をテストしている**のではないかと考えられる。いずれにせよ、**一番重要なのは設問の要求に答えることである。**論文の体裁よりも内容を重視した答えを作成するべきなのである。

3-2. 「代理母」をめぐる問題

■■問題 3-2 ■■

以下の文章を読み、問いに答えよ。

アメリカ・ニュージャージー州のスターン夫妻は、自分たちの子をほしがっていた。夫のビルは生化学者、妻のベティは小児科医で、ともに 38 歳。典型的な裕福なエリート夫婦であった。しかし、ベティの病気のため自然な妊娠をあきらめて、夫婦は代理母をあっせんするニューヨークの不妊症センターを訪ねた。(注:ベティの卵子を使うことはできなかった。)

センターの紹介により、スターン夫妻は、ニュージャージー州の 26 歳の主婦、メアリー・ベス・ホワイトヘッドと代理母契約を結んだ。メアリー・ベスには、すでに二人の子供がいた。ホワイトヘッド夫妻は、スターン夫妻と異なり、高等教育を受けたことがない。夫は清掃作業員だった。家計は安定しておらず、夫妻は自己破産していた。メアリー・ベスが代理母の広告に応募したのは、その破産申請の数ヵ月後であった。

ホワイトヘッド夫妻とスターン夫妻の間の代理母契約は、1985 年 2 月に交わされている。メアリー・ベスへの報酬は 1 万ドルで、生まれた子を引き渡し、養子契約書に署名した後に支払われることになっていた。センターへのあっせん料は 7500 ドルであった。

メアリー・ベスが妊娠したのは、人工授精が 9 回目になってからである。そして、1986 年 3 月、女の赤ちゃんが生まれた。この子が「ベビーM」と呼ばれることになる。

メアリー・ベスは、赤ちゃんを出産する直前から、代理母を引き受けたことは、間違いだったと考えるようになっていた。赤ちゃんは他人に渡すことはできない、自分で育てることにしたい。こうしてメアリー・ベスは1万ドルの受取りと養子契約書への署名を拒否する。生まれた子は、ホワイトヘッド夫妻の実子として出生登録がされた。

といっても、メアリー・ベスは産院から退院すると、いったんは依頼人のスターン夫妻に子を引き渡している。だが、すぐに後悔の念にとらわれ、翌朝には、スターン夫妻のもとを訪れ、赤ちゃんを自分の手に取り戻したのである。自殺をほのめかすメアリー・ベスには赤ちゃんを一時的に渡すしかない、そうスターン夫妻が判断したからだ。

しかし、それ以降、メアリー・ベスは赤ちゃんを手放そうとはしなかった。こうして、スターン夫妻が代理母契約を根拠に子の引き渡しを求めて、裁判を起こすことになった。

メアリー・ベスはフロリダ州に逃亡した。警察がメアリー・ベスを発見し、赤ちゃんはスターン夫妻に引き渡されたが、養育権をめぐる争いは、ニュージャージー州の裁判所に持ち込まれた。

（香川知晶『命は誰のものか』2009年、ディスカヴァー携書より抜粋、一部改変）

問：下線部に対するあなたの判断を根拠とともに答えなさい。
　ただし、実際の法律の知識や解釈にとらわれる必要はない。
　（600～800字程度）

さっそく、この問題に答えてみよう。「養育権をめぐる争い」について、どちらが正しいと考えられるだろうか。こういったタイプの問題は、争っているどちら側の人物により共感できるかという「単なる感情の問題」になりがちである。したがって、単なる感情論にならないためにも、それぞれの立場を支持する根拠・支持しない理由をできるだけ多く考えて、それぞれの重要性を比較検討することが大切だ。

（1）契約履行を支持する立場

まず、スターン夫妻の立場を支持する根拠を考えてみよう。スターン夫妻とメアリー・ベスの間で取り交わされた契約の有効性を考えることから始めるのがよい。

契約の履行を正しいとする考え方は、伝統的な自由主義から引き出すことができる。その考え方によれば、「他人に危害を加えない限り何をする自由も妨げられない」（＝**他者危害の原則**）。

したがって、この考え方をもとにして考えれば、瑕疵《かし》のない契約の履行によって誰にも危害が及んでいない本契約は有効である、ということになる。契約はあくまで契約であり、約束は果たさなければならないということだ。

また、**功利主義**の考え方によっても、本契約の正しさを基礎づけることが可能である。第２章ですでに見たように、功利主義とは、「最大多数の最大幸福」（ベンサム）をスローガンとする倫理学の原理である。契約によって全体の幸福（利益）が増進すると考えられれば、それが正義となる。

この契約によって、スターン夫妻は、遺伝的につながりのある子を手に入れ、メアリー・ベスは「妊娠をして赤ちゃんを産む」という仕事により１万ドルという大金を手に入れる。この契約は、双方にとっての幸福が増大する、損失よりも利益の多い契約だということになる。

なお、当時のニュージャージー州には、代理母契約を認める法律も禁止する法律も存在していなかったが、州の第１審は「この契約自体は、**判断力のある大人が結んだお互いに自発的な同意に基づいたものであり**、一方の立場の優位性や強制もない、瑕疵のない契約である」という判断を示している。

■■解答案 3-2（1）■■

【契約履行を支持する立場（スターン夫妻の養育権を認める立場）】

私は契約の遵守と子の福祉という観点からスターン夫妻の養育権を認める考え方を支持する。

まず、そもそも契約遵守という規範は、その契約がいちじるしく不合理なものであったり、不利益をもたらすようなものであったりしなければ、原則的にはどのような場面においても守られるべきである。そして、この契約遵守の考え方が認められるならば、この代理母契約の有効性は、自由主義の観点から支持することが可能となる。自由主義の考え方によれば、誰も他人に危害を加えない限り何をする自由も妨げられない。したがって契約の履行によって誰にも危害が及ばない本契約は有効であり、メアリー・ベスは、約束通り産んだ子の養育権を放棄しなければならない。

また、子の福祉という観点からも、本契約の履行は支持することができる。メアリー・ベスは、家計の安定していない状況において金銭的なメリットを得ることを目的として代理母契約を結んだのであり、一方のスターン夫妻は遺伝的つながりのある子を持ちたいがために契約を結んだ。したがって、子にとっては、もともと子を望んでいたスターン夫妻のもとで養育されるのがのぞましく、経済的に恵まれているスターン夫妻の方が子に有益な養育を与えることができると考えられる。

たしかに、妊娠や出産は神聖で尊厳に値する行為であり、そのことを根拠として、代理母契約自体を不正とみなす反論もあるだろう。しかし、神聖で尊厳に値するものを契約や売買の対象にしてはいけないというのは、その契約が全体として悪い結果をもたらす場合にのみ当てはまる考え方である。

この契約によって、スターン夫妻は遺伝的につながりのある子を手に入れ、メアリー・ベスは1万ドルという対価を手に入れる。したがって、契約時に強制などの圧力が無かったと考えるならば、この契約は結果として双方にとってデメリットのないものであり、正当な契約であると考えるべきである。(796字)

(2) 契約を無効とする立場 ①

さて次に、契約を無効とする立場を考える。この場合は、やや複雑である。

まず、「契約時のメアリー・ベスには十分な情報がなく真の意味で自発的に同意を与えたとは言えない」という根拠が挙げられる。

自由主義を基本とする現代社会において、自律(autonomy)あるいは自己決定(self-determination)は、非常に重要な倫理原則である。同意が自発的でなかったとするならば、この契約は自律という重要な倫理原則に反するということになる。

次に、「**十分な情報がなかった**」という点も、重大な問題となる。患者に対する治療の開始時にインフォームド・コンセントが欠かせないのと同様に、通常の契約においては、自分が置かれている立場をきちんと理解していることが前提になる。

メアリー・ベスは、赤ちゃんを身ごもって初めてお腹の中の子との絆の強さを知ったのであろう。「**真の意味で自発的でなかった**」というのは、メアリー・ベス自身が、妊娠後にどのような感情を抱くようになるかわかっていなかったことにとどまらない。彼女にとっては、生活が苦しい中での１万ドルは、あまりに大きな誘惑になっていたはずである。**そのような追い詰められた境遇での契約は、完全に自発的でありえなかったかもしれない。**

■■解答案 3-2（2）■■

【契約を無効とする立場①（スターン夫妻の養育権を認めない立場）】

私は、代理母の契約時においての同意の不十分さを理由に、スターン夫妻の養育権を認めないという判断を支持したい。

まず、第一に契約時のメアリー・ベスには十分な情報がなく、真の意味で自発的な同意があったとは考えられない。契約において十分な情報がなかったということは、重大な瑕疵である。メアリー・ベスは、妊娠後にどのような感情を抱くようになるか十分にはわかっていなかった。彼女は、赤ちゃんを身ごもって初めてお腹の中の子との絆の強さを知ったのである。

また、彼女にとっては、生活が苦しい中での１万ドルは、あまりに大きな誘惑になっていたはずである。つまり、目の前の大金に目が眩んで、意に反した契約を結んでしまったということが想定できる。このような状況での契約は、契約を推進したいスターン夫妻側に有利なように進められざるをえず、メアリー・ベスが完全に自発的であったとはいえない。

自分が置かれている立場をきちんと理解していることが契約の成立する条件である。自律あるいは自己決定という原則に照らして見ても、同意が自発的でなかったのは、倫理に反する行為である。たしかに、両者は大人であり、形式上は対等な契約を行った。しかし、実質的には、正しい判断に欠ける、対等でない契約になってしまっている。

したがって、以上の理由により、契約は無効とすべきであって、実母であるメアリー・ベスに養育権が認められるべきであると考える。(595字)

（3）契約を無効とする立場　②

契約を無効とする根拠には、もう一つ、別のものも考えられる。それは、この契約が**人身売買**にあたるという考え方だ。**人身売買が不正なのは、それが子の自律に反すると考えられるのが理由**である。その考え方によれば、この契約は「買ってはいけないもの」を売買する不正な行為ということになる。

それに対する反論として、「スターン夫妻はメアリー・ベスから代理妊娠と代理出産というサービスを買ったのであり、これは人身売買には当たらない」という立論も考えることは可能だ。しかし、その赤ちゃんは妊娠したメアリー・ベスと遺伝的なつながりがある（少なくとも半分はある）子であり、また、その代金の支払いは、子とその養育権の引き渡しの時に行われることになっていた。したがって、メアリー・ベスの妊娠・出産は、**実質的には「サービス」ではなく、赤ちゃんを譲ることへの支払いを前提とした「売買」という意味を持っている。**

また、この契約が人身売買などではなく、妊娠と出産というサービスあるいは労働に対する対価の支払いを定めるものであると解釈できたとしても、そもそも女性の生殖能力のようなものをサービスとして売買してよいのか、というより根本的な批判も考えられる。この契約は利益を目的とした純然たる営利団体の仲介によって進められているから、取引全体がビジネスの色彩を帯びている。

このように、子や出産をビジネスとして扱うことに対する違和感を持つ人は、相当数存在するに違いない。

出産や生殖能力、あるいは赤ちゃんや胚などをビジネスや契約の対象にすることへの批判としては、以下のようなものもある。すなわち、**通常の妊娠や出産によって得られる「親と子の絆」のような、自然な人間関係の在り方に反するから不正**である、というものである。この考え方の背景には、**妊娠や出産という経験は、親と子の愛情を育む大切な契機であり、それが親子関係を結ぶに不可欠であるとの認識**がある。

敷衍《ふえん》すれば、その認識は、愛情や絆といったものには、契約や売買といった手続きは似つかわしくない、**生物学的で自然なプロセス**（母親本人が妊娠して、お腹を痛めるという行為）が不可欠であるという考え方につながる。

■■解答案 3-2（3）■■

【契約を無効とする立場②（スターン夫妻の養育権を認めない立場)】

私は、この代理母契約については、契約そのものがいかに正しい手続きを踏まえていたとしても、無効であると考える。

代理母契約は、子の自律を侵害するものである。妊娠や出産という経験は、親と子の愛情を育む大切で重要な契機である。また、乳幼児の健全な養育にとっても、母親との愛情による結びつきは不可欠である。しかるに、金銭の授受を伴う契約によって、子の受け渡しを決める契約は、とくに母親との愛情や絆を金銭によって引き離す行為であり、認めることはできない。子そのものはもちろん、子との愛情や絆は本来売買すべきではない。

また、この契約は、人身売買に相当する可能性すらある。人身売買は「買ってはいけないもの」を売買する不正な行為である。もちろん、スターン夫妻はメアリー・ベスから代理妊娠と代理出産という「サービス」を買ったのであり、これは人身売買には当たらないという反論も、可能ではある。しかし、その子は遺伝的なつながりがある子であり、代金の支払いは、子と養育権の引き渡しの時に行なわれることになっている。したがって、この契約履行における金銭の授受は、実質的にはサービスの対価ではなく、赤ちゃんを「譲ること」に対する対価という意味を持っているのである。

さらに、たとえこの契約が人身売買などではなく、妊娠と出産というサービスあるいは労働に対する対価の支払いを定めるものであると解釈できたとしても、そもそも女性の生殖能力のようなものをサービスとして売り買いしてよいということにはならない。この契約は利益を目的とするビジネスの色彩を帯びており、社会通念上は認められない。

以上の通り、本契約は売買の対象にしてはならない子やサービスを売買するものであり、倫理的にも社会通念上も認められるものではない。したがって、子の養育権は、実際に分娩を行なったメアリー・ベスに認められるべきである。(785字)

（4）契約や売買のどこが不正か

それでは、結局「ベビーM」をどのように扱うのが正義なのだろうか。この問いに答えるには、妊娠や出産という行為がもつ性質を正確かつ具体的に見極めることが必要になってくる。

「ベビーM事件」裁判を最終的に扱ったニュージャージー州の最高裁判所は、**全員一致でスターン夫妻とメアリー・ベス・ホワイトヘッド夫人によるベビーMの代理出産契約は無効であるという判決を下している**。

その一方で、**ベビーMの養育権をビル・スターン（精子の提供者）に認め、また他方で、メアリー・ベスをベビーMの母親であるとしたうえで、メアリー・ベスには、ベビーMへの訪問権を認めた**。養育権をスターン夫妻側に与えたのは、**子の最善の利益**を確保することを優先したためである（何が子にとっても最善かは必ずしも明らかではないが…）。

親が誰であるかの判断には、一種の**自然主義**の考え方が採用された。その考え方に従って、精子を提供したビル・スターンが父親、卵子と子宮を提供したメアリー・ベスが母親ということになったのである。そして、代理出産契約の法的な地位について、裁判所は、メアリー・ベス・ホワイトヘッドの契約への同意が不適切なものであった、という点から無効を宣言した。

また、もう一つの無効の理由として、この契約は「子の売買あるいは子に対する母親の権利の売買」であり、このような売買は、金銭取引の対象にしてはいけないものの売買であるから認められないという理由を挙げた。**妊娠や出産という行為は金銭的な評価の対象にしてはいけないという考え方**である。

しかし、結局のところ裁判においては、なぜ妊娠や出産という行為が売買できないかという理由は、少しも明白にはなっていない。それは、説明するまでもない前提であると考えられたからであろう。

もし仮に、メアリー・ベスの社会的・経済的地位がスターン夫妻のそれよりも高かったとしたならば、契約における同意は対等で十分に自発的なものとされたかもしれない。それでもなお、「妊娠・出産という行為は売買できない」と述べることは可能であっただろうか。これには、いまのところ定まった解答はないようだ。

〔追補：スターン氏側は、自分の精子を提供しており、また契約までの金銭的な費用を負担していることも想定できる。違法な取引や強要もなかったと考えれば、スターン氏側への何かしらの補償があってもよいとはいえるだろう。〕

自然主義とは、人間の（旧来からの多数派の）特定の状態や行為を「自然である」と認定し、そのような自然なものが、本来あるべきものであり、よきものである、とする考え方である。

しかし、契約を無効とする立場の人が主張する根拠と反対に、実際に私たち人間は、反生物学的で反自然主義的なプロセスを経て人間関係を構築することを行っている。たとえば、生物学的事実とは異なる「**養子縁組**」は、各国で太古の昔から行われてきた。当然に、それが不正であるとは言えないこともわかっている。

また、体外受精技術や代理母・代理出産といった「**反自然主義的**」な方法を利用して生まれてきた子を立派に育て、真の愛情や絆を結んでいる親子もたくさん存在するのも事実である。このように考えると、妊娠や出産という行為そのものは、愛情の構築に重要な役割を果たすとしても、不可欠なものであるとは言えなくなるはずだ。

「妊娠や出産という行為は神聖で尊厳に値するが、金銭的な対価を払って売買してもよい」ということは可能である。神聖で尊厳に値するということから、そのまま自動的に、契約や売買の対象にしてはいけないという規範は出てこない。

筆者個人としては、厳格なルールを決めた上で売買を（代理母契約を）認めてよい、という考え方を持っている。「認めるべきである」という強い信念ではなく、認めるべきでない理由が、見つからないからである。私個人は、今のところ、自然主義の考え方にくみすることができない。なぜなら、「自然であること」がイコール「よいこと」、不自然であることがイコール「わるいこと」とは、必ずしも言えないからだ。

交通事故に遭って輸血を受けることは、ある人にとっては自然なことであり、ある人にとっては不自然なことである。**それを一律に良い・悪いということはできない**はずだ。

また、**自然という言葉自体は、曖昧で、時代や地域によってその中身は変わってしまう**ものである。したがって、自然な状態や自然な行為とは何かがはっきりしないならば、「自然だから良い」という言い方は「良いものだから良いのだ」という同義反復にほかならないことになる。

代理母を規制し得る唯一の根拠があるとすれば、それは**社会通念や社会全体の利益**（あるいは安全性や安定性）という理念ということになろう。しかし、これらを積極的に認めてしまうと、多数派を占める社会通念が、本当は正しいかもしれない個人の信念を握りつぶしてしまう危険すら出てきてしまう。

3-3.「クローン」技術の問題

クローン技術のような典型的な先端医療技術における倫理的問題は、伝統的で自由主義的な原理原則によっては十分な解答を与えるのが難しくなってきている。このような新しい生命倫理の課題を考えるときのポイントについて考えてみよう。

■■問題 3-3 ■■

我々の遺伝的な特性は、全ての細胞の中に存在するDNAを通じて、一つの世代から次の世代に引き継がれている。英国のロスリン研究所は、1996年7月、クローン技術により、細胞を提供した羊とほとんど同一の遺伝子を持つクローン羊『ドリー』を誕生させ、世界的な注目を集めた。クローン技術の功罪について、あなたの考えを800字以内で述べなさい。

問題では、「クローン技術の功罪について」と書いてあるので、「功」＝プラス面と「罪」＝マイナス面の両方について考えることとする。この講義ではクローン技術を人間に応用することの是非について考えてみたい。

〔注：クローンとはギリシャ語で「小枝」という意味であるが、生物学で遺伝子が同一の生物個体をさす。体細胞から核を取り出し、核を取り除いた卵子に挿入して作った胚を成長させたものが、「体細胞クローン」であり、現在問題となっているのがこのタイプのクローンである。〕

まず、プラス面としては、①生殖における選択の自由の拡大、②

不妊治療の方法の拡大、③社会的有用性（有能な人物のクローン）、④亡くなった縁者の代替として家族を慰めること、⑤再生医療分野での可能性（人の細胞・組織・臓器の利用源）、などが挙げられる。一方、マイナス面としては、①クローン技術は人間の尊厳に反する、②安全性が確認されていない、の二つが挙げられることが多く、「クローン反対論」の根拠とされている。

プラスとマイナスの両面に対する、それぞれの根拠となるような原則はあるだろうか。生命倫理（医療倫理）の４原則は以下の通りであった。①患者の自律の尊重（自律原則）、②患者の利益を図る（与益原則）、③患者に危害を加えない（無加害原則）、④利益と負担の公平配分（正義原則）。

さて、これら伝統的な生命倫理の原則を適用して、クローンの功と罪についてどこまでのことが言えるか検証してみよう。

（1）クローン技術は「自律」や「尊厳」を侵害するか

自律原則から考えてみる。自律原則は、自由主義を医療に適用した判断の枠組みである。これは、「成人した判断力あるものは、身体と生命を含む自己のものについて、他人に危害を加えない限り、たとえ当人にとって不合理な結果になろうとも自己決定の権利を持つ」という「他者危害原則」によって説明される。このような考えによれば、クローン技術の医療上の利用は、他者への危害にならない限りで認められるということになる。

また、さらには、クローン技術のプラス面として挙げられた**①生殖における選択の自由の拡大**、**②不妊治療の方法の拡大**というポイントは、クローン作製を依頼する人の「自律原則」からも積極的に支持することができる。

しかし、自律の主体を、クローン技術によって作り出される人間（クローン人間）の側に移して考えれば、マイナス面である「**クローン技術は人間の尊厳に反する**」、という批判も考慮しなければならなくなる。むしろ、クローン技術の問題においては、クローン技術を利用したいと考えている患者＝親（生殖目的のクローニング）やクローン技術によって再生医療の恩恵を受けたいと考えている患者（治療目的のクローニング）の自律よりも、**クローン技術によって作製されるクローン人間の自律やヒト胚それ自体の尊厳**が深刻な問題にさらされていると考えられている。

こうして、**(a) クローン人間は人格の尊厳を侵害する**、という批判が出てくる。しかし、この批判は的外れである。DNA が同一なクローン人間であっても、身体は別ものである。それは、一卵性双生児が、DNA が同一でもそれぞれ別の個体であることと同じである。遺伝子が等しい一卵性双生児が社会問題にならないのと同じで、クローン人間も遺伝子が等しいという理由だけでは、倫理的問題にはならない。**クローン個体は、身体が同一でもなければ、人格も同一ではない。あくまでそっくりで遺伝情報が同じなだけの別人である。**一卵性双生児であってもクローンであっても、まったく同じ経験をして育つということは不可能である。身体も人格も、遺伝的要因以上に環境的要因の影響を受けるから、同一の DNA を持つ者の人格の尊厳が、「DNA が同一だ」という理由だけで侵害されるということにはならない。

〔注：一卵性双生児は、人格そのものが別個であるのは当然だが、指紋の形状や神経の配列なども異なっている。DNA が同じでも、身体として先天的な違いがある。〕

もっとひどい勘違いもある。クローン技術を認めてしまうと、最終的には、**(b) クローン人間が「臓器移植目的」で作製されてしまいかねない**、という批判である。これは、クローン技術によって作製された人間を殺すことによって、その臓器を同一の DNA を持つ人間に移植するという**ほとんどありえない想定**に基づいている。クローン人間が仮に作製されるようになったとしても、クローン技術によって生まれた人間を殺すのは、現行の法律の範囲内であっても殺人罪の対象になる。また、**クローン技術の応用で移植用臓器を作製する場合には、クローン人間の個体が作製される必要はない**。脳以外の全部の臓器を必要とするという SF 的な設定をすればまた話は別かもしれないが。

あるいは、クローン技術によって、亡くなった子と同じ遺伝子を持ったクローンを作製したいと考える親が出てくる、という批判が出ることも想定される。またあるいは、クローン技術によって優秀なスポーツ選手と同じ DNA を持つ子を産みたい、ノーベル賞受賞者のクローンを子として産みたい、と考える親もいるかもしれない。そのような想定に基づき、**(c) 親の幸福追求の手段として子どもをつくるのは悪である**、という批判が挙げられるかもしれない。

たしかに、亡くなった子のコピーとして生まれたクローンは、亡くなったオリジナルの幻影を親から不当に背負わされて生きていくことになるだろう。また、優秀なスポーツ選手と同じ遺伝子を持つ子どもは、将来、同じように優秀なアスリートに成長する期待をかけられて育てられるに違いない。しかし、クローン以外の手段で（つまり通常の両性生殖によって）生まれてきた子であっても、同様の期待をかけられて育てられるということは常にあることだ。**不当な、あるいは過剰な親の期待を子が背負い込むのは、通常の生殖による親子関係においても存在する**のである。クローン個体であっても、通常の両性生殖によってできた子であっても、事情は同じである。

また、クローン個体の尊厳や自律という観点から、「クローン技術のヒトへの応用は**クローン人間に対する偏見を生む**から禁止すべき」という批判も挙げられている。しかし、これも議論に誤りがある。偏見があるからクローンを作るべきではないという議論が正当なら、社会的偏見がある子（丙午《ひのえうま》生まれの子、被差別地域の子、障害を持った子）を生むべきでないという議論も正しいということになってしまう（丙午生まれの女性は、気性が激しく、男を食い殺す、死後妖怪になるというような迷信があった。実際に丙午生まれの子どもは激減している）。

結局、偏見があるのは、**偏見を持つ社会のほうが悪い**のであって、偏見を持たれる対象が悪いのではない。「偏見があるゆえにクローンは悪である」は、論理的には誤った推論である。

〔注：ただし、論理的に誤った推論でも、心理的には正しいということはありうる。功利主義的立場からの「多くの人はクローンは人格の尊厳を犯すという心理的傾向を持つから、悪い結果を避けるためにクローンを禁止すべき」という推論も成り立たないことはない。〕

（2）クローン技術は危険か

次に、②**患者の利益を図る**（**与益原則**）、③**患者に危害を加えない**（**無加害原則**）、の二つの原則に基づいて、クローンの功罪を考えてみる。

まず、**与益原則**に基づけば、治療目的であれ、生殖目的であれ、クローニングによって、患者はメリットを享受することになるわけだから、クローン技術には何の問題もないということになる。

一方、**無加害原則**によれば、「**安全性**」を根拠にしたクローニング反対論が挙げられるだろう。その反対論によれば、クローンの個体作製は、動物実験によっては十分に裏付けられていないリスクがあるという。したがって、クローン技術はクローン自身にとって危険であり、認められない。

たしかに、クローン羊のドリーは、寿命が短かったし、ほかのクローン個体も同様の運命をたどっている。しかし、クローン個体を主体として考えた場合、その個体自身のリスク・危険とはいったい何であろうか？

そのクローン個体は、クローンとして生まれてくるか、生まれてこないかのどちらかである。リスクがあるからそれを回避すべきという場合、ふつう、その主体はすでに存在している人間について言われるのであって、存在していない場合と、存在する場合を比べて、「存在する場合にはリスクがある」と言うことは不可能である。もしこの論法が正しければ、「高齢出産はダウン症のリスクがあるから生まれてくる子のために妊娠すべきでない」という議論も成立してしまうことになる。

ただし、クローンによって子を作ろうとしている親（カップル）をリスクの主体とみなした場合、母親の負うリスクを考慮して、「クローンは母体にとって危険だから」禁止すべきだ、というクローン批判を行うことは可能かもしれない。

事実、クローン胚を作製するためには大量の未受精卵を必要とすることが多い。母体への影響を考えると、無視することができないリスクが存在することは確かである。しかし、それでも、リスクと利益を比較考量して、あえてリスクを冒してまで、ほかには代えがたい医療行為としてのクローニングを選択するという状況がありうることは想像に難くないし、そのような権利も、自律原則と与益原則によって正当化可能である。

そして、技術革新により、母体のリスクが無視しうるほどに低下したとするならば、クローン技術は、通常の生殖医療と何も変わらないものとなるだろう。ここに至っては、**危険だから禁止という論法は成り立つ余地が一切なくなる。他のあらゆる医療行為にも、ある程度のリスクがあるから**である。

（3）人類全体への視点と人間の無知への注目

結局のところ、伝統的な医療倫理の原則の下では、クローン技術への徹底した反対論は不可能となる。それでもなお、クローン技術に対する直観的な違和感がなくならないならば、クローンを禁止・規制する根拠は、伝統的な医療倫理の原則以外から探して来なければならない。

では、どのような規制根拠、反対論の根拠を考えることができるだろうか。

一つには、伝統的な医療倫理が前提としている**「個人」の倫理から、「種・人間全体」の倫理へと視点を移す**ことにより得られる新しい根拠がある。

通常の両性による生殖では、世代を経るごとに両性の遺伝子を組み合わせて新しいものを作製し、結果として遺伝子の多様性を確保している。遺伝的な特性が、クローニングによって同一に引き継がれていくと、**多様性は遠い将来に保てなくなるかもしれない。これは、人間全体、人間という種に対する大きな危険・危害ととらえることが可能**であろう。

あるいは、クローンによって失われる多様性は微々たるものにすぎないと論じる者もいるだろう。また、多様性が減じることによって、どんな不都合や危険が訪れるのかは、誰にもわからないとの反論もあるだろう。

しかし、「わからない」からこそ、クローン技術にある程度の規制をかけるのは、正しい選択と言えるのではないだろうか。「**人間は無知である**」という**ソクラテス的な態度**を正当だとするなら、無知による弊害を最小限に抑えるために、よくわからないことは、しばらく手を出さないというストイックな態度こそが、倫理的に正しい判断になるだろう。

「人間は無知である」＝「人間は誤りを犯す生きものである」という考えは、おそらく、ほとんどの人類が認める大前提・大原則である。先端技術の問題への批判的解答は、この「人間の無知」という大原則を基礎に組み立てるのがよいと思う。

☆知っておきたい [2] ☆　新出生前診断

■**出生前診断**〔prenatal diagnosis〕とは、出生の前に胎児に遺伝病や重篤な障害などがないかなどを診断すること。2013 年から、妊婦の血液検査だけで胎児の染色体異常が高い精度でわかる「**新出生前診断**」が始まった（35 歳以上が対象）。診断でわかる染色体異常は、ダウン症（21 番染色体の異常）など３疾患である。費用は比較的高額だが、手軽に低リスクで検査できるため、選択的な中絶が助長されるのではないかという不安の声が高まっている。2013 年９月末までに 3,500 人が利用したが、陽性が確定し流産もしなかった例が 54 人で、そのうち 53 人が中絶を選んだ。ほとんどの妊婦が中絶を選ぶことになった事実により、その理由が何であれ「命の選別につながる」という批判が的中してしまったことになりそうだ。

第4章 医療倫理の新しい問題

矢崎義雄編『医の未来』（岩波新書）の分担執筆者である赤林朗氏（医療倫理学）は、近未来の新たな倫理問題として、⑴ エンハンスメント、⑵ 脳神経倫理学（ニューロエシックス）、⑶ iPS細胞をめぐる倫理的問題、⑷ 公衆衛生倫理（パブリックヘルス・エシックス）の4つのテーマを挙げている。大学や研究会レベルにおいては、すでに数年前から盛んに議論されてきたテーマだが、入試小論文や英文問題の中にも、2011年の入試あたりから、実際に出題され始めてきた。これらは、伝統的な倫理学ではきちんと捉えない難しいテーマであり、一度しっかり考えておかないと、思いつきレベルの解答しかできない問題である。

＊＊＊＊＊＊＊＊＊＊＊＊＊＊＊＊＊＊＊＊＊＊＊＊＊＊＊＊＊＊

4-1. 脳神経倫理学（ニューロエシックス）

■■問題 4-1 ■■

次の文章を読んで、以下の問いに答えなさい。

［浜松医科大 医学部 2011年度後期］

先日のことであるが、「精神の分子的基盤」をテーマとするシンポジウムに参加した。演者の話はざっとこんな内容である。ヒトを含む多くの動物種において、記憶を獲得した後、ある種（例えば恐怖）の記憶を想起する場合、最初に海馬の働きを必要とするが、時間の経過とともに徐々にその海馬依存性が減少する。どうやら、記憶を保存する脳領域がほかに移行するらしいのである。その移行の詳しい仕組みはまだわからない。しかし今後、海馬の神経新生を適切に制御することで、恐怖記憶が保存される脳領域をコントロールでき、トラウマ記憶が原因となるPTSD（心的障害）の新たな予防や治療法の開発につながることが期待される……。

その話の途中で演者は、どういうつもりか、ある知人作家の小説の一部を紹介した。主人公がある日、とある町の片隅で、「いらなくなったあなたの記憶を買います。ほしい記憶を売ります。」と書かれた看板を目にし、その店の中年の男に看板に偽りはないかと尋ねた。……それから数時間後、主人公は自宅で100万円を手にはしゃいでいた。ほんとに嬉しくてしようがなかったが、数日経つと不安になってきた。「いったい自分は何の記憶を売ったのだろうか」と。不安はピークに達し、自分はひょっとしたら取りかえしの付かないものを売ったに違いないと思い、急いで先の店に行った。幸いにもその中年の男は店にいたので、「この100万円をそのまま返すから、自分の売った記憶を戻してくれないか」と頼んだ。男は当初無理だと断っていたが、そのうち仕方がない顔をして「それじゃ、こうしましょう。どうしても記憶を返してほしいのなら、その記憶を売ります。ただし110万円です」と折れた。主人公は結局、110万円を支払って元の記憶を買い戻した。その記憶とは「今朝、犬に吠えられた」というものだった。

注）PTSD：Post Traumatic Stress Disorder（心的外傷後ストレス障害）

問：記憶の分子レベルでの解明が進むことで、将来、精神疾患の治療として記憶の操作が行われるようになるかもしれない。そのような未来社会の可能性に関して、あなたの意見を800字以内で述べよ。

（1）脳神経倫理学とは何か

問題 4-1 のテーマは、**脳科学** Neuro-science の発達にともなう倫理的課題を扱う「**脳神経倫理学（ニューロエシックス）**」Neuro-ethics であり、ここ数年、盛んに議論されるようになってきている。脳神経倫理学は、「人間の脳に対する治療や増強、あるいは望まれない侵襲や厄介な操作について、正・不正や善し悪しを吟味する」（W. サファイア氏による定義）学際的な学問分野である。

具体的なテーマとしては、「**マインドリーディング**」（心の読み取り技術）、「**スマートドラッグ**」（頭を良くする薬）、脳科学を利用した精神鑑定、脳科学的知見の司法や犯罪学への応用、記憶の消去や変更の可能性、などが挙げられる。このように、脳神経倫理学は、私たちの人間性をつかさどる「心」への介入を可能とする技術の倫理的問題を検討している。

さて、近年になって提起されるようになった、このような新しい倫理問題は、ほかの医療の問題と同様に、医療技術の発展によって引き起こされたものである。たとえば、fMRI や PET と呼ばれる新しい脳イメージング（映像化）技術の開発、DBS などによる脳の電磁気的治療法の確立、あるいは、脳機能への選択的な作用・介入ができる薬剤の開発、などである。

これらの医療技術は、脳の老化・萎縮の回復、脳機能障害による運動能力の治療、うつ病やトラウマの治療などを目的として開発されてきたが、これらの技術は「治療外」の目的にも応用可能であることがわかっている。社会福祉や教育、警察行政や司法、あるいはマーケティング（ビジネス）などへの導入が検討されている。

脳科学や、その発達を支えている技術を臨床に応用することには何の問題もないように思われるだろうが、実はそうではない。後に見るように多くの問題が想定されるのである。「医療外」目的で利用することにおいては、さらに多くの問題がある。したがって、脳科学の応用にはきわめて慎重な態度が求められるのである。

（2）問題 4-1 の解説

問題 4-1 で扱われているのは、脳神経倫理学のテーマのうち、「記憶の消去、変更」をめぐる問題である。こういった問題に含まれる倫理的課題には、以下のようなものが挙げられる。

まず第 1 点目として俎上《そじょう》に載せるべき課題は、「研究倫理」である。本文にもあるように、「今後、海馬の神経新生を適切に制御することで、恐怖記憶が保存される脳領域をコントロールでき、トラウマ記憶が原因となる PTSD（心的障害）の新たな予防や治療法の開発につながることが期待」されている。

しかし、このような治療法の確立過程においては、直接的に見ることのできない「記憶内容」についてのデータが必要になる。研究に協力してもらう生身の人間が必要になってくるのである。研究は、このような被験者の「**プライバシー**」や「記憶内容そのもの」が対象にされる。したがって、協力者への**インフォームド・コンセント**を徹底することはもちろんのこと、他の研究者や他の被験者への情報漏洩にも、いっそう注意しなければならない。

また、研究には、薬剤を用いる実験のみならず、脳に直接外科手術を行うことによって、中枢神経からの情報を収集するような、「**侵襲的**」（Invasive）方法も必要になってくるだろう。人間の精神活動をつかさどる部位への直接介入は、「リスクを覚悟して病気を治す脳外科手術」とは目的が異なるので、どこまでのテストが安全で可能なのか、あらかじめ慎重に見極めておかなければならない。

次に、第２点目として重要なのは、研究成果によって得られた知見と技術の「社会的影響」に関する課題である。まず、新しく得られた知識自体が、社会的な影響を持つことが考えられる。たとえば、脳機能の解明が進むにつれて、「（他者に）心が読まれてしまうのではないか」とか、「心を操作されてしまうのではないか」などという、社会的不安や誤解が広まる可能性があるだろう。メディアを通じて過度な誤解や無理解が拡散することで、新たな偏見や差別が生まれるかもれない。また、他人の記憶データを持っている者が、「秘密を知っている」という地位を利用して、その人との間に特権的な関係をつくるといったことも考えられなくはない。

第３点目は、おそらく一番根本的な課題であろう。すなわち、記憶の解明とその応用は、**人間の精神活動をつかさどる記憶に直接介入すること**であるため、「**人格**」や「**責任**」といった人間社会の基礎的な構成要素を大きく変えてしまうかもしれないという問題である。

問題 4-1 の課題文においては、PTSD の治療として一部の（負の）記憶を消去できたり、「記憶を売り買い」できたりする近未来が想定されている。もし、故意もしくは過失により、本人の想定外の方法で記憶の操作が行われるようなことがあったらどうだろうか。たとえば、本人には消してほしくなかった記憶を消してしまったり、実際には経験していない記憶を植え付けられたりするようなことが起こらないといえるだろうか。

記憶を改変させられた本人は、その改変前と改変後の記憶を、どのように照合すればよいのだろうか。日記やビデオなどの外部的な記録があれば可能だろうか。いや、外部的記録といえども、脳内の記憶と同一ではあり得ないので、正確な照合は不可能だろう。そうしたときに、どうやって「記憶改変」の評価をすればよいのだろうか。課題文後半の、「記憶の売買」に関する逸話は、**記憶改変の照合が不可能であることのアレゴリー（寓喩《ぐうゆ》）**にもなっている。

第４点目としては、脳科学の成果によって生み出された技術・テクノロジーが、研究や医療の目的を超えて、教育や司法、ビジネスなどに応用されていった時に生じる問題が挙げられる。たとえば、**犯罪捜査への応用（悪用）**という問題を考えてみよう。犯罪の推定において今なお重要な証拠とされるのは、本人の自白や、目撃者の証言である。それらはすべて「記憶」に基づいている。このような記憶が犯罪の捏造《ねつぞう》（でっちあげ）に使われはしないだろうか。また、たとえば、映画『マイノリティ・リポート』が描く、「犯罪の“意志”を持っているという段階で犯罪者として逮捕されるような未来が出現する」という想定は、単なるSF的な夢想にすぎないといえるだろうか。ほかにもさまざまな問題が想像できる。

これらの倫理的課題は、実際にテクノロジーが開発された段階では、すでに解決不可能であることが予想される。単なる杞憂に終わったとしても、原発事故のようなカタストロフィーを招来しないで済む**事前の熟慮**が大切であろう。

（3）問題4-1の解答案

■■解答案4-1■■

課題文には、記憶の解明への期待と併せて、コミカルな逸話によるものではあるが、不安な未来予想が示されている。このような想定は、はたして単にSF的な妄想にすぎないとして一蹴することができるだろうか。

記憶の解明という脳科学的成果の臨床や医療外への応用については、多くの恩恵がある一方で、難しい倫理的問題が生じることも予想される。したがって、私は、課題文のようなSF的逸話の可能性も含めて、どのような問題が生じうるかをまじめに検討しておく必要があると考える。

記憶の解明とその応用は、記憶という人間の精神活動をつかさどる部分への介入であるから、生じうる問題も大きなものとなるだろう。たとえば、消してほしくない記憶が消されたり、実際には経験していない記憶を植え付けられたりするようなミスが起こったらどうだろうか。この場合、課題文の逸話と同じように、記憶の改変前と改変後を照合する手立ては本人にはない。また、このようなミスは、それが過失であれ故意であれ、責任の所在が不明になるという問題も生じる。記憶照合の手立てが存在しないというまさにその理由により、治療後の記憶が望まれたものなのか、偽りの記憶なのかが問えなくなるからである。

さらに、犯罪捜査において、捏造された記憶が自白や証言の代わりとして用いられるような問題が起こる可能性もある。「記憶を読み取る」技術の信頼性が高まった場合、自分の記憶よりも、装置や技術によるデータがDNA鑑定と同じような証拠として採用されてしまうかもしれないからである。

以上のような問題は、責任や人格といった、人間社会の基本的な要素のあり方を根本から変えてしまう可能性がある。実際に問題が起きた後では、解決は難しい。したがって、杞憂であっても、事前のさまざまな想定を基にしたルールや規制の策定は、やはり必須である。(757字)

4-2．エンハンスメントをめぐる議論

■■問題 4-2 ■■

次の文章を読んで問いに答えなさい。[オリジナル問題]

小児科医ローレンス・ディラー医師による概算では、現在米国の 18 歳未満の子どもの 5 ～ 6%（総計 400 万～ 500 万人の子どもたち）が、ADHD（注意欠陥多動性障害）の標準的治療薬としてリタリンやその他の興奮剤の処方を受けている（興奮剤が多動性防止に有効であるのは、子どもの注意力の増大や持続が容易となり、あれこれと目移りするのを止めさせるからである）。過去 15 年間に、合法的なリタリンの製造量は 1700% 増加し、やはり ADHD の治療薬としてアデラールという製品名で市販されているアンフェタミンの製造量は、3000% 増加した。製薬会社にとって、米国におけるリタリンやその関連薬の市場は、年間 10 億ドルを叩き出す大金脈なのである。

児童や青少年に対するリタリンの処方は近年飛躍的に増加しているが、その使用者のすべてが注意欠陥多動性障害の患者というわけではない。普通程度に注意力を維持できる人の集中力も医師の処方する興奮剤で高められることに、高校生や大学生が気付いてしまったのである。そのため、SAT や大学の期末試験のさいのパフォーマンスを向上する目的で、同級生からリタリンを買い取ったりもらったりする学生もいる。リタリンの使用にかんするもっとも悩ましい問題のひとつは、この薬を就学前の児童にまで処方する医師が増えていることである。6 歳

未満の子どもに対するこの薬の処方は認可されていないにもかかわらず、２歳から４歳までの子どもに処方された割合は、1991年から1995年の間に約３倍に増加した。
【出典】マイケル・J・サンデル著／林芳紀・伊吹友秀訳『完全な人間を目指さなくてもよい理由—遺伝子操作とエンハンスメントの倫理』（ナカニシヤ出版）より抜粋。

問：傍線部における薬物の使用は、病気や欠陥を克服するためではなく、自らのパフォーマンスを向上させることを目的とする「医療の便宜的利用」の一つである。このような医療技術の応用について、800字以内であなたの考えるところを述べなさい。

（1）エンハンスメントとは何か

エンハンスメントとは、医療技術を用いて心身の状態を改良し、**健康な状態を超えて能力や機能を高めること**をいう。

Enhancementを直訳すると、「増強」という意味になる。エンハンスメントは、その訳の通り、治療や回復のためではなく、心身の機能を増強するための**医療の便宜的利用**を意味し、多くの人にさまざまな倫理的疑念と不安を引き起こしている。

エンハンスメントには、「筋肉を増強する」「身長を伸ばす」「記憶力を増強する」「気分を改善する」「免疫力を高める」など、あらゆるバリエーションがありうる。健常者のレーシック手術、刺青やピアス、ドーピングや美容整形までを「増強」に含めると、エンハンスメントは、「より強く、健康に、美しく」といった、歴史が始まって以来続く、人類の普遍的な願望であり続けて来たといえるだろう。

では、美容整形などとは異なる現代的な意味でのエンハンスメント、すなわち遺伝子治療などの**先端医療技術の応用を経たエンハンスメント技術**には、いったいどこに倫理的な問題があると考えられるだろうか。

（2）問題 4-2 の解説

医療技術の便宜的利用としてのエンハンスメントには、問題として取り上げた薬物によるもの（いわゆる「ドラッグ問題」に見られるような娯楽や退廃を目指したものではなく、あくまでも能力の向上を目指しているものであることに注意）、遺伝子操作、遺伝子治療やクローニング技術の応用によるものなど、手段における多様性がある。しかし、いかなる手段によるものであれ、それらは医療の利用ではなく改良あるいは改造であり、「**完全性を目指す**」という目的によって支配されている。

また、エンハンスメントは、医療的手段を医療外の目的に使用する点では、他の医療の便宜的な利用とされる美容整形や生殖医療と同様であるが、社会的な合意や許容範囲を超えているような不安感を与えるものである。

さらに、技術の進歩により、子どもを設計して作ったり（**デザイナー・チルドレン**という）、サイボーグのスポーツ選手を生み出したりすることも可能になるに違いない。こういった未来に対する不安には、単なる印象論や感情論とは異なる合理的な理由があるのだろうか。あるいは、多くの人が抱く不安は、単なる見せ掛けのものであり、それが自己決定や自律に基づく公平な利用である限り、問題はないものとしてよいのであろうか。

（3）エンハンスメントへの反対意見

エンハンスメントへの反対意見としては、まず第1に、それが診断・治療・予防・緩和といった医療の目的から逸脱しているというものがある。たしかに、エンハンスメントは、本来であれば何事もなく暮らしていけるはずの心身の状態を、健康な状態を超えてより良くする目的で医療技術を用いるものである。しかし、そのような医療の便宜的利用は、美容整形はもとより形成外科での火傷痕の回復（見た目をきれいにする）などにおいても行われてきた。

また、精神科・心療内科で用いられる精神薬理学の領域では、始めから治療とエンハンスメントの区別は困難である。「向精神薬」がエンハンスメントの要素を持つことが確実だからといっても、向精神薬の使用を制限するのは不合理だろう。

したがって、エンハンスメントを公的な医療保険の対象にするべきかどうかという議論でもない限り（なぜなら公的保険には国民の負担の問題が関わるから）、「**診断・治療・予防・緩和**」のいずれにもあたらない（はっきりとしない）という理由で、それを拒否すべきことにはなりそうにない。

第2の反対意見として、社会の不当な圧力を背景としたエンハンスメントの利用は、その圧力のほうが悪いのであって、エンハンスメント自体は何も悪くない、という批判がある。すなわち、少しだけ背が低くていじめられるから「背を高くしたい」とか、人よりも知能が遅れていて社会への適応が難しいから「知能を高めたい」などという社会的圧力によってエンハンスメントを望むことになった人はなにも悪くない。**排除すべきなのは、そのような圧力のほう**であってエンハンスメントそれ自体ではない。治すべきなのは、「**悪い社会**」のほうである、という意見である。

第３としては、手段そのものに問題がある、とする批判がある。より強くなりたいという目的自体には仮に問題がなくとも、わざわざ体を改造したり、傷つけたりしなくてもよいだろうという意見である。

第４に、「**行為者＝責任者**」という考え方を壊してしまうという批判がある。つまり、本人の能力や実力ではないものによって、試験や試合の結果が左右されるようなことが出てくれば、人間の責任や功績といった概念が成り立たなくなってしまうだろうというのである。

そして、第５番目として、自分の子どもをよりよくするというエンハンスメントの使用（デザイナー・チルドレン）についての批判がある。それによれば、わが子にエンハンスメント技術を用いると、その子は、過剰な親の期待（背が伸びてプロのバスケット選手になってほしいとか、記憶力を増強して医学部に受かってほしいとか）を背負い込むことになるから、**子の自律への侵害**になるというのだ。

上記の他にも、エンハンスメントを用いることは、エンハンスメントを受けられる人と受けられない人の差別を引き込むことになるとか、より劣ったものを排除するという「**優生思想**」の再来につながるとか、そのような批判もある。

（４）エンハンスメント肯定論

エンハンスメントへの賛成意見のほうを見ていこう。エンハンスメントを肯定する意見は、主に**自由主義**（**リベラリズム**、あるいは**リバタリアニズム**）の立場からなされることが多い。

生命倫理学者の**アレン・ブキャナン**らは、遺伝子改良に伴う**利益**

と負担が公平に分配されるならば、**優生学的な措置**（各人の自発的な選択によって、より優れた、より健康な遺伝子を残そうとすること）**は反対する余地のない事柄**であり、将来的には道徳的に要請されることになる可能性もあると述べている。

また、リベラルの代表格**ジョン・ロールズ**でさえ、「より大きな生来の資産（すぐれた能力）を持つことは各人のためになる。それによって、各人は、自らが望む人生計画を追求することが可能になるからである」と述べる。

DNA 二重螺旋構造の発見者として名高い「ワトソン＝クリック・モデル」の**ジェームズ・ワトソン**は、国家による強制（旧来の優生学）ではなく、自由な選択に基づくかぎりにおいて、遺伝子操作や遺伝子の増強には何の問題もないと述べている。

たしかに、彼らは、エンハンスメントそのものに対してというよりも、**リベラルな優生学**（強制ではなく、自発的・自主的に、優良な遺伝子を選択し、そのような遺伝子を残していこうとする思想・運動のこと）に対して、賛成の意見を述べているに過ぎない。しかし、彼らの論理は、そのまますべてのエンハンスメント技術賛成論への根拠としても成立する。すなわち、その技術が、他者に危害や迷惑を加えず（**他者危害原則**に抵触せず）、誰でも原理的に**アクセス**でき（治療が公平で不当に高価でなく）、安全な技術であることがわかれば（得られる便益にたいしてリスクが少なければ）、許容できる、あるいは規制すべきではない。公的医療保険の対象としないならば、なおさら規制する根拠はなく、むしろ人類の資質向上ということ自体は、望ましいことではないか、というのである。

もちろん、彼らとて、安全性やアクセスの公平性の問題（高額である）などの観点から、現時点での規制には賛成するかもしれない。しかし、将来的にそれらの問題がクリアされれば、反対したり規制したりする根拠は失われると考えている。

（5）マイケル・サンデルの考え方

NHK の番組『ハーバード白熱教室』で有名になった、ハーバード大学教授の**マイケル・サンデル**は、リベラリズム（特に、**ジョン・ロールズの『正義論』**）への批判で有名になった人物であり、**コミュニタリアニズム（共同体論）**の考え方を代表する政治哲学者である。

さて、サンデルは、「課題文」の出典になっている著書『完全な人間を目指さなくてもよい理由』の中で、リベラル（広い意味での自由主義）に対する自己の立場を明確に述べて、エンハンスメントに対する反対の意見と根拠を説明している。

まず彼は「**生命の被贈与的性格**」giftedness of life に注目する。これはすなわち、生命とは、自然から一方的に与えられるものであって、**人間が自ら選択・決定・同意して得られるようなものではない**ということを意味しており、それを大前提として議論を始める。また、そこから得られるもう一つの前提として、われわれの才能や能力も、生命それ自体と同様、**完全に自分自身に由来するものではない**、という事実を確認する。

そして、もしエンハンスメントや優生思想が認められていけば、われわれ人間の道徳を形成する三つの特徴、**「謙虚さ」「責任」「連帯感」**に大きな変化と打撃が加えられるだろうと述べ、それらの価値の擁護のために、エンハンスメントに対する反対を表明するのである。

まず、１番目の価値である**「謙虚さ」**について考えてみよう。われわれは、子どものことを気遣ってはいるが、われわれの望みどおりの性質を子どもが備えるように選ぶことはできない。その事実を通して、われわれは、招かざるものへの寛大さと、「受容の愛」（与えられた子を無条件に愛する）を学ぶのである。もし、子どもの能力や性質、あるいは、自分の体や能力などを自己決定や選択によって選ぶことができることになれば、**不測の事態を引き受け、不和や運命を耐え忍び、支配への衝動を抑える**ことができなくなるだろう。

また、自分の才能や能力が完全には自分自身の行い（努力）に由来していないという認識こそが、われわれが自惚れへと陥ることを防いでくれている。もし、生命工学によって自分や子どもを自ら自由に設計し作り出すことが可能になったら、われわれの才能は、感謝すべき贈り物ではなく、すべて自らに責任がある仕事ということになるだろう。

次に、２番目の価値、**「責任」**について考えてみる。エンハンスメントへの批判論の中には、エンハンスメントを認めると、「行為者＝責任者」という考え方を壊してしまうという意見がある。「本来の実力」とは異なるエンハンスされた能力によって、試験・試合の結果が変わるならば、「責任」というものが蝕まれてしまう、というのである。

しかし、サンデルは、**責任が蝕まれ、責任が希薄化するのではなく、実際に起こるのはむしろその逆である**という。われわれは、より多くの物事を偶然・自然のせいではなく、選択や決定のせいにするようになる。そうなれば、自分の境遇はすべて、自らを作り出した自分あるいは親の責任ということになってしまうだろう。

われわれは、**自分や子どものことを自然や偶然の賜物としているからこそ、自分の境遇あるいは子どもの運命について、完全には責任を負わずにすんでいる**。しかし、遺伝子操作によって、エンハンスメントが誰にでもできるものになってしまうと、自分や子どもに備わる能力や資質についてのすべての責任は、エンハンスメントをするとかしないとかの決定を下した本人に、重くのしかかってくる。われわれはそのような重い責任を負いきれるのだろうか。この重責を負うということは、**自らが完全に自分や子どもの運命の主人になる**ということである。

そして、最後にサンデルは、責任が激増するにつれて、自分より不幸な人との「**連帯感**」が薄れていくだろうと考えている。この「連帯感」こそが、エンハンスメントが蝕む３番目の価値である。社会福祉が必要とされる前提には、より恵まれない人との連帯感（同朋意識）がある。だとすれば、この感覚の希薄化は問題である。

われわれは、**自らの境遇の自然的で偶然的な性格に自覚的であればあるほど、他人と運命を共有すべき理由が認められる**という。サンデルは保険の例をあげてこのことを説明している。すなわち、私たちには、誰でもいつどんな事故や病気にかかるかわからないという偶然性があるからこそ、それらのリスクを負担しあい、健康な人が偶然にも病気になってしまった人に扶助を与える保険の仕組みが成り立っている。遺伝子工学やエンハンスメントによって、**そのようなリスクや不確実性、偶然の要素が極端に減らされると、私たちは相互扶助や社会福祉の必要性を感じなくなる**だろう。

エンハンスメントや遺伝子操作によって、遺伝上のめぐり合わせによる自然な結果を覆し、「偶然性」を「選択」・「自己決定」に置き換えることが可能になればなるほど、人間の能力や生命の被贈与的性格は薄らぎ、われわれの社会が共同体として成り立っていることを理解する能力も薄らいでいくだろう。サンデルは、以上のように警告し、そのような社会を望まないのならば、エンハンスメントや遺伝子操作の限界点を設けるべきであることを力説している。

（6）問題 4-2 の解答案

■■解答案 4-2 ■■

本来、医療行為は、患者をケガや病気から健康な状態へと戻すことを目的とした実践である。しかし、医療は、美容などのために便宜的に利用されることもあり、そのような医療も、一般的には許容されている。

一方、課題文の事例は、医療の便宜的利用を大きく逸脱した「エンハンスメント」にあたる。エンハンスメントとは、医療技術を用いて心身の状態を改良し、健康な状態を超えて能力や機能を高めることをいう。では、そのような医療の応用は、認めてもよいのだろうか。

たしかに、美容整形や健常者への視力回復術なども医療の便宜的利用であり、その点においてはエンハンスメントと変わりはない。したがって、エンハンスメントはそれほど問題ではなく、認めてもよいとする意見もある。しかし、リタリンなどによるエンハンスメントは、身体能力や学力といった社会運営に必須の価値に関わるものであり、美容整形などによる医療の便宜的利用とは異なる。安易に認めると社会維持に必要な価値が損なわれかねない。

そもそも人の能力は、その人の努力と自然のたまものである。人間の能力の一部は自然から与えられ、能力の欠如があっても、そのすべての責任が自らの努力不足に帰せられることはない。だからこそ、私たちは「連帯感」を持ち、利点を他人に与え、欠点を他人から補ってもらいつつ社会を営むのである。もし、エンハンスメントが一般化したら、人間の能力の自然的で偶然的な側面はなくなり、すべてが努力と医療技術の問題になってしまう。これでは、社会を営み、互いに助け合うことの意味がなくなってしまうだろう。

人間は社会的動物であり、他人との連帯の中で、喜びも不幸も分かち合って生きている。エンハンスメントが一般化した社会は、完全な能力主義がはびこる窮屈な社会だろう。このような社会をのぞまないならば、エンハンスメントの利用には、一定の規制を設けなければならない。（785 字）

☆知っておきたい [3] ☆　欧州型医療倫理原則（2）（3）

■尊厳原則 dignity：尊厳原則は、英米型では道徳的配慮からこぼれ落ちてしまった「自律的でない存在者」、たとえば意識のない胎児・乳幼児、重度の精神障害者、植物状態の患者などへも、自律的個人（大人）と全く同等の道徳的地位を認める。また、ユネスコの世界宣言においては、ヒト以外の存在（動物など）への道徳的配慮が謳われており、そこに、尊厳原則の拡張可能性が示唆されているともいえる。医療行為の倫理的判断に、患者の尊厳という原則を取り入れるのはとても重要であるが、ここから、「ケア」という重要な概念を引き出すことも可能である。

■統合性原則 integrity：統合性は、文科省の定訳では、「インテグリティ」とカタカナ表記されているが、「不可侵性」という訳が適切であるとコメントが付けられている。つまり、統合性原則とは、人間の生命には、統一性・一貫性をもった基本的条件があって、それを侵すことは許されない、とする考え方である。経験や記憶など、精神的な面と、身体・肉体的な面との一体性を尊重することでもある。

4-3. iPS細胞と再生医療をめぐる問題

■■問題4-3■■
次の文章を読んで問いに答えなさい。
［近畿大学医学部2013年度前期試験］

2012年ノーベル生理学・医学賞の受賞対象となったiPS細胞（人工多能性幹細胞）の樹立と応用により、再生医療に対する期待が高まっています。再生医療の意義と問題点などについて思うところを述べてください。（横書きで600字以内にまとめる）

（1）iPS細胞と幹細胞研究

幹細胞とは、いくつかの種類の細胞に分化することができる（**複能性**をもつ）細胞のことである。受精卵（胚）から取り出した細胞を人工的に培養した**胚性幹細胞（ES細胞）**は、あらゆる種類の細胞に分化できる多能性をもち、無限に細胞分裂できる性質がある。

ヒトのES細胞の培養は、1990年代後半に成功し、再生医療の進展に強い期待が高まった。ES細胞は、「**万能細胞**」と呼ばれてもてはやされたが、ES細胞樹立のためには**受精卵（胚）を利用し、破壊しなければならなかった**ため、倫理的な側面から批判が出て、研究の後退を余儀なくされた。バチカン(カトリック総本山)の**ローマ教皇**はES細胞の研究を認めず、当時の**ブッシュ米大統領**も公的資金の提供をストップさせた。

そんな状況下、受精卵を用いない形で万能細胞を作り出すのに成功したのが、2012年にノーベル医学・生理学賞を受賞した**山中伸弥教授**（京都大学）だった。山中教授らは、ヒトの皮膚細胞（ふつうの体細胞）にいくつかの特定の遺伝子を組み込み、細胞の「初期化」に成功、**iPS細胞（人工多能性幹細胞）**を樹立した（すでに分化を終え、これ以上分化できなくなった細胞をリセットさせることを初期化という）。iPS細胞は、ES細胞と同じような多能性をもちつつも、生命の萌芽である受精卵＝胚を用いないことから、倫理面の問題もクリアされ、再生医療の可能性が一気に高まることになった。

ちなみに、2013年５月、アメリカの研究チームが、体細胞クローニングの技術を用いたES細胞の樹立に成功し、**受精していない卵子からのES細胞作製が可能**になった。生殖細胞を用いるものの、「生命の萌芽」と見なされる受精卵を用いる場合とは異なって、倫理的な問題はクリアされており、再びES細胞を用いた再生医療の研究も活発化してくることが予想される。

（２）iPS細胞と再生医療の問題点

iPS細胞の樹立は、新しい医療の可能性を大きく切り開いた。細胞治療、臓器・組織の移植のための細胞培養、創薬のための利用等々、「**再生医療**」の名の下にひとくくりにされる広大な可能性が一気に浮上することになったのである。

脊髄を損傷して歩けなくなった人、心臓病で移植を待っている人、盲目の人のための角膜再生・網膜再生、耳の聞こえない人のための内耳再生など数え上げればきりが無いが、免疫拒絶反応を回避した形での再生医療が進めば、**「脳死臓器移植」の問題すら過去の話になる**かもしれない。

ただし、こういった再生医療には、まだ多くの壁が残されている。

一つは、技術と安全性の問題である。iPS細胞は、多能性を持つが、それと引き替えに**「ガン化」するリスク**が高い。また、未知の感染症や遺伝疾患の可能性も残されているかもしれない。

もう一つは、倫理的な問題である。体細胞だけから樹立するiPS細胞や、受精卵を用いないES細胞は、倫理的な課題を完全に免れているかといえば、そうではない。それらを、**生殖目的に利用する**ことが可能だからである。iPS細胞もES細胞も、「万能細胞」と呼ばれているが、厳密には「万能・全能」totipotent, omnipotentではない。それだけで個体（生命）を作り出すことができるのは、受精卵だけで、厳密には受精卵のみが「万能」である。しかし、「多能性」multipotentのあるiPS細胞・ES細胞からは、精子や卵子も作り出すことは可能である。

体細胞から作り出した子どもには、クローン技術を用いて作った子どもと同じ倫理的な課題がある。**生命創造の「神業」を、人間が演じてよいのか**。直観的に、自然の摂理に反するという「違和感」や「不安」を感じる人は多いだろう。事実、キリスト教圏のヨーロッパ諸国を始め、日本においても、クローン人間の作製や、万能細胞から受精卵を作り出すことは法律で禁じられている。

（3）問題4-3の解答案

■■解答案4-3■■

iPS細胞は、ES細胞と同じような多能性を持ちつつも、生命の萌芽である受精卵＝胚を用いない。これにより、懸念されていた倫理面の問題もクリアされ、再生医療の可能性が一気に高まることになった。再生医療が実現に向かえば、脊髄を損傷して歩けなくなった人、心臓病で移植を待っている人、角膜や網膜移植を必要としている人など、これまではただ待つばかりで、不安な毎日を過ごしてきた患者の多くを救うことができるだろう。脳死臓器移植問題すら、過去の話になるかもしれない。

しかし、このような再生医療には、まだ多くの壁が残されている。一つは、技術と安全性の問題である。iPS細胞は、多能性を持つが、それと引き替えに「ガン化」するリスクが高い。もう一つは、倫理的な壁で、万能細胞や再生技術の「生殖目的利用」をどう考えるか、という問題が残っている。

近い将来、再生医療が高度に発達して、どんな組織もすぐに再生できるような時代が来るとすれば、それ自体は喜ばしいことである。しかし、ものがあふれる飽食の時代には、捨てられるものも増えていく。再生医療の発達により、人の身体や命が簡単に複製できるようになれば、それは人間の尊厳への脅威となろう。再生医療には、その負の側面も見据えつつ進展を見守るという態度が必要なのではないだろうか。（542字）

☆知っておきたい [4] ☆　欧州型医療倫理原則（4）

■脆弱性《ぜいじゃくせい》原則 vulnerability：ヴァルネラビリティとは、弱さ、傷つきやすさ、壊れやすさなどを意味する。そういった人間や生命の脆弱性を基本に据えて医療等が行われるべきことを示す原則が「脆弱性原則」である。英米の自由主義は、「強い個人」を仮定するが、人間や生命は「弱い存在」であると認識することこそが、倫理・道徳の成立条件と考えるのが欧州型の特徴である。とくに医療は、弱い存在者を積極的に擁護する義務がある。**ジョン・ロールズ**の「正義論」や、**アマルティア・セン**の「潜在能力論」にも通じる考え方である。

4-4. 公衆衛生倫理

■■問題 4-4 ■■

次の文章を読み、疫病対策についての 2 つの立場を明確にしつつ、あなたの意見を 600 字以内で記述しなさい。

［日本医科大学医学部医学科 2008 年度］

14 世紀半ばの黒死病（ペスト）大流行の後、ヨーロッパ各国では伝染病対策が危急のものとなるが、ミラノ大公の G・G・ヴィスコンティ（Gian Galeazzo Visconti 1351-1402）がとった方策は一つのモデルとなった。ミラノに近いソンキノで 1398 年に疫病が発生した際、ヴィスコンティは、ソンキノからやって来る者は誰であれ、ミラノに入ることを禁じた。さらに彼は、翌 99 年に、感染者はその自宅に監禁すればよいというミラノ市議会の案をしりぞけて疫病の感染者を全員、特別の病院に隔離収容し、感染の疑いのある者もミラノの外に追放した。

また、イギリスで 1604 年に制定された「疫病法」は感染者が出た場合、本人とその家族全員を自宅に監禁し、そこからの人の出入りを民兵によって禁止させ、さらに感染者の衣服や寝具を残らず焼却する権限を、地方政府関係者に与えた。

これらの疫病対策が、感染者一人一人を気づかうものではないことは明らかだ。それがまず第一に守ろうとしたのは、まだ感染していない健康な人びとの利益であり、そのためには、すでに感染した者の健康や生命を犠牲にすることさえ勘定に入れられているのである。

「益を与えよ、さもなくば無害であれ」—「流行病《エピデーミオン》」（第一巻）と題された論考の中で、ヒポクラテス（と総称される著作者たち）は医師の心得をそのように説いているが、この論考で興味深いのは、ヒポクラテスが流行病について書きつつも、感染という現象には全く注意を向けず、それゆえ感染者の隔離を必要な方策として説いてもいない点である。少なくともこの論考においてヒポクラテスは、症例を丁寧に記述しながら、それはどのような経過をたどり、予後がどのようなものかを詳らかにするだけである。ヒポクラテスは、すでに流行病にかかった人びとに対して「益を与えよ、さもなくば無害であれ」と言っているのである。

右のヴィスコンティや、イギリスの「疫病法」に見られるのは、これとは全く逆のベクトルである。それは、健康な人びとに対して「益を与え」「無害であろう」とするのであり、そのためには、すでに感染した患者に対して「益を与えず」「有害である」ことさえ正当化されているのである。

出典：荻野美穂編『身体をめぐるレッスン２：資源としての身体』より―市野川容孝「隔離される身体」

（1）病気の種類の３類型

病気の種類は、①「**伝染病（感染病）**」、②「**成人病（生活習慣病）**」、③「**遺伝病**」の３種に分類することが可能である。これは、病気になる「原因」に基づく分類と言うことができる。

大ざっぱに言って、19 世紀から 20 世紀中盤までの医療の中心には、感染病の予防と治療があったと言ってもよい。その後、先進国を中心に、近代化の完成と高齢化の進展によって、脳卒中や癌などの「大人の（高齢者の）病気」が治療の中心になってくるようになった。

その後、ワトソン＝クリックのDNA構造式発見後40年を経て、遺伝病の治療という新たな医療の課題が現れてきた。これは、遺伝子操作の可能領域の拡大とともに、医療の中心的なテーマになりつつある。

しかし、その一方で、エイズやSARS、新型インフルエンザウイルスなど「新しい伝染病」に対する予防と治療という問題も出てくるようになった。20世紀前半までの問題、あるいは発展途上国に限定された問題と考えられていた伝染病の予防というテーマが、再浮上してきたのである。

なお、「新しい伝染病」の問題は，第一義的には「**公衆衛生**」Public Healthの問題であるが、安全保障といった国家的・国際的な問題とも関係がある。ほぼ撲滅したと考えられていたポリオや天然痘などを、テロリズムの手段として用いる「バイオ・テロリズム」の危険が生じてきたからである。

こうして、「新しい伝染病」対策の必要性は、テロの防止という安全保障の課題まで含みつつ、新たな公衆衛生問題として認識されるようになってきた。

（2）新たな公衆衛生問題

さらに、成人病対策、あるいは生活習慣病対策のあり方が変化してきたことも、公衆衛生活動の新たな進展を後押しするようになってきている。

かつて「早期発見・早期治療」が主たる指針であった成人病対策のあり方は、近年、「健康増進」や「予防」にシフトしてきている。

がん検診やメタボ検診など、最近検診や予防の類が増えていると気づいている人も多いだろう。

この対策のシフトは、成人病が「生活習慣病」とも呼ばれるようになったことからもわかるとおり、癌や心臓病、脳卒中などが、「ライフスタイル（生活習慣）」の良し悪しに大きく関係していることがわかり、その原因のコントロールが重要だとされるようになってきたことが背景にある。

新たな公衆衛生活動は、伝染病対策、成人病予防、健康増進、という観点から、そしておそらく、安全保障の観点からも、その重要性が認知されるようになってきた。

このように、公衆衛生の重要性が高まってくると、必然的に、個人の自由（人権）の制限という問題が生じてくる。たとえば、喫煙や飲酒といった習慣の改善に、公権力はどこまでの介入が許されるか。禁煙の強要は可能か。メタボ検診や乳がん検診など、効果が必ずしも明確でない予防措置をどの程度行うべきか。

例は枚挙に暇がないほどだが、新たな公衆衛生の問題は、「全体の利益」と「個人の自由」の相克という旧来の難しい問題を再燃させている。

（３）疫病（伝染病）対策

さて、「課題文」に挙げられている疫病（伝染病）対策の２つの立場は、現代の新たな公衆衛生問題のジレンマを表している。

ヴィスコンティや、イギリスの疫病法のアプローチは、従来の伝染病対策・公衆衛生の考え方であり、全体主義的な発想に基づいている。18 世紀以降になると、このような全体主義的で権威主義的な（乱暴で野蛮な）やり方は、少なくとも建前上はできなくなった。

しかし、それでも、公衆衛生や伝染病予防のあり方は、基本的には**パターナリズム**（父親的温情主義）Paternalismの発想に基づいていたと言えるだろう。人々の健康のために、政府が積極的に介入し、感染拡大を防ぐべきだ、そのためには、自由の制限もやむを得ない、という考えである。

ヴィスコンティや、イギリスの疫病法のアプローチは、人権思想の行き渡った現代の人々からすれば、前近代的で野蛮なものに映るかもしれない。しかし、現代でも、公衆衛生の必要性を倫理的に基礎づけようとするならば、社会全体の健康や福利を志向する、「**功利主義**」的な発想（場合によってはパターナリスティックな発想）が必要になってくる。

一方の考え方は、「課題文」のヒポクラテスのアプローチにも通底している、あくまで個人の自由や人権を平等に守ることを主眼とする考え方である。これを「**人権を基底におくアプローチ**」と呼ぶことにすると、今日的な公衆衛生の問題は、倫理的な課題としては「**功利主義**」（あるいは「**パターナリズム**」）と「**人権を基底におくアプローチ**」をどのように調停するか、という問題になるだろう。

（4）功利主義vs個人の自由

「功利主義」utilitarianismは、関係当事者の**全体の幸福量を最大化させることを正義だとする倫理的立場**であり、社会全体での感染被害を最小にとどめ、健康な者への感染を最大限防ごうとする。課題文におけるヴィスコンティやイギリスの疫病法の考え方を近代的に洗練させると、この発想に近くなる。功利主義は、必ずしもパターナリズムになるわけではないが、全体の福利を考える以上、特定の個人へのパターナリスティックな介入が正当化されることはあるだろう。

「人権を基底におく Human Rights-Based アプローチ」によれば、感染者も非感染者も、同様に人権を持っており、誰であっても平等に扱わなければならない。社会全体に感染が広まったとしても、一人ひとりの人権と命が最も大切である。たとえ、多数の非感染者を救うためといえども、少数の感染者を犠牲にしてはならない。このような、**一人ひとりの患者の自由や利益（人権）を大切にする考え方**に近いのが、課題文のヒポクラテスの立場である。

さて、これら２つの考え方、そして２つの対策のあり方について、どのように考えたらよいだろうか。

（5）功利主義のメリット

現代の感染病（疫病）対策を考える場合には、おそらく、「人権を基底におくアプローチ」を基本としながらも、功利主義的な発想も必要になってくると思われる。倫理学説あるいは政治理論としての功利主義の特筆すべき利点は、権利・義務の衝突、道徳的なジレンマに対して、一定の解答を提示できるというところにある。

新しい伝染病に対しては，突然の流行に対して十分な治療薬や対応可能な医療資源が準備されてはおらず、資源やリスク、負担をどのように分配するかという問題が生じる。また、伝染病の拡大防止のため、強制隔離を行うことはどこまで許されるのか。ワクチン接種を義務化することはどうか。感染調査のためにプライバシーをどこまで犠牲にできるか。こういった問題にも答えを出さなければならない。

人権に基底をおくアプローチだけでは、たとえば、「病人も健康な人も平等に」というような非現実的な選択肢しか得ることができない。功利主義への最大の批判者として有名な**ジョン・ロールズ** John Rawls（現代政治哲学の古典『正義論』の著者）であれば、同じく人権論の立場をとりながらも、「最も恵まれない人の最大の利益になるように」という原則で、一定の配分のルールを立てるだろうが、それでも、ワクチン接種の順番や隔離の基準などについての実効的な解答は得られない。

公衆衛生の問題においては、個人の人権に配慮はしつつも、その制限について、どの程度許容するべきかという「**程度問題**」への解答が、どうしても必要になってくる。

人権や人命が重要なのは言うまでもないが、一人ひとりの患者の最大の利益を優先することによって、感染の流行地域全体が壊滅的状況に陥るようでは，かえって、すべての人の利益・人権をないがしろにすることになってしまうだろう。

人権論や義務論といった倫理学的立場が、抽象的・絶対的に考えてしまう個人の利益を、功利主義は、「社会全体の利益」との関係で「程度問題」として計量的に把握することで、**比較衡量**することを可能にする。

（6）問題 4-4 への解答案

■■解答案 4-4 ■■

疫病対策におけるヴィスコンティなどのアプローチは、従来の公衆衛生の考え方であり、全体主義的でパターナリスティックな発想に基づいている。一方のヒポクラテスのアプローチには、あくまで個人の自由や人権を平等に守ることを主眼とする、現代の人権論にも通底する考え方がその基本にある。

では、現代の疫病対策を考える場合、従来の公衆衛生の考え方を無用とし、ヒポクラテス的アプローチだけで足りるとしてよいだろうか。

私は、疫病を始めとする公衆衛生の問題を考える場合、今でもその対策は、基本的にはパターナリスティックなものにならざるを得ないと考える。なぜなら、伝染病の突然の流行においては、常に、医療資源やリスク・負担をどのように分配するかという問題が生じ、感染拡大防止のため、どうしても隔離や強制的感染調査などが必要になる場合があるからである。

すると、問題となるのは、感染拡大を防ぐために、政府はどこまで積極的に介入すべきか、つまり個々の人権をどの程度守り、どの程度制限するのが許されるかに対する実際的な選択肢を検討することである。

パターナリズムが良いか悪いかと抽象的に議論しても意味がない。問題は、どの程度の介入や強制が許されるかであるから、予想される結果と社会全体の福利の観点から、功利主義的に、個々の対策の良し悪しと実施の程度や範囲を考えていくのが、現代の実効的な疫病対策ということになるだろう。(591字)

第5章 医療制度・医療経済の問題

医療制度、医療経済をめぐるテーマは、政策的な知識を要する場合もあり、政治的で、「大人向き」のテーマであるため、高校生が受験する医学部の入試としては、あまり「試験向き」ではない。

しかし、国立大学後期試験や「編入（学士編入含む）」試験などでは出題されている。小論文試験がとくに重要な大学を受験する人は、ぜひともしっかり学習しておきたい分野である。

＊＊＊＊＊＊＊＊＊＊＊＊＊＊＊＊＊＊＊＊＊＊＊＊＊＊＊＊＊＊

5-1. 外国人研究者の移民制限の是非

■■問題 5-1 ■■

Scientists wanted: A clumsy immigration cap could damage UK science by keeping skilled researchers out. と題した Nature 468、346 (18 November 2010) の論説を読み、以下の質問に答えなさい。　［熊本大　医学部（医学科）2011 年度後期］

Among the vacancies for shop assistants and forklift-truck drivers advertised to job-seekers in Hinxton, a village near Cambridge, UK, there are some more specialized positions. A molecular geneticist, for example, is needed to develop scalable technologies for genetic modification of the Plasmodiumfalciparum[注1] parasite. A bone biologist is also wanted, with in-depth knowledge of mouse genetics and endocrine systems.

The adverts are for postdoctoral positions at the nearby Wellcome Trust Sanger Institute, a world-class research centre. Traditionally, the institute has not struggled to fill such posts: if no suitable local candidate came forward, it could always recruit from overseas. Science is a global game after all, and talent has no respect for national borders.

The Sanger Institute is among the UK academic and research institutions now threatened by a clumsy cap on immigration [設問1] introduced by the Conservative-Liberal Democrat coalition [注2] government. Under interim measures in place until the end of March, the number of workers who can enter Britain from outside the European Economic Area has been strictly limited. Positions at UK universities promised to overseas scientists have already been withdrawn. The Times newspaper, which has turned a much-needed spotlight on the situation, reports that the cap has already seen more than 230 scientists and academics barred [注3] from obtaining the necessary entry visas. Some will be eligible to enter Britain next year. Many will not bother.

The great and the good of British science, many of whom come from overseas or have imported team members, have queued up to warn of the folly of such a policy. In the United States, tighter restrictions on entry for scientists — introduced in response to the terrorist attacks in 2001 — have increased the costs and delays of overseas recruitment, hit international collaborations and been widely viewed as damaging to US science. At a time when nations such as China and Germany are increasing investment in their research bases, Britain is turning away some of the people it needs the most.

There is no evidence that UK Prime Minister David Cameron and his cabinet want to pull up the drawbridge against researchers and erect 'British science closed' signs at the airports. But curbs on general immigration were promised by all three major parties prior to this year's election, and the numbers of money-spinning overseas students and those who seek political asylum [注4] are harder to restrict than the numbers of skilled workers. The unintended damage to science will be on the agenda later this month, when the cabinet discusses what to do with the cap from April. An exemption for researchers of a certain calibre (similar to the existing route into Britain for overseas star footballers) is one option, but would exclude promising young scientists who have not yet been able to prove their value. Short of reversing the changes this year that saw, for example, reduced importance given to a PhD in the evaluation of visa applications, the most logical step for the government is to restore the freedom for academic institutions to recruit whoever they wish for more junior positions. If necessary, a trial period could be undertaken, and be scrutinized for abuse. Britain must face an uncomfortable truth: it needs the best scientists more than they need it.

[注1] Plasmodium falciparum：熱帯熱マラリア原虫、[注2] coalition：連立、[注3] barred：締出された、[注4] asylum：亡命

設問1：下線部分 (a clumsy cap on immigration) の意味について説明しなさい。(25点)

設問２：この論説の内容を200字以内の日本語に要約しなさい。(75点)
設問３：現在の社会では、需要と供給により物が輸出入される貿易が重要な機能を果たしている。この論説に示されているように人材も同じで、英国では優秀な研究者のみならず、医師も輸入されている。日本でも医師・看護師不足に対し、看護師を外国から受け入れる試みが始まっているが、日本語の習得が難しく、現在の日本の国家試験に合格できる人数は限られている。
一方、医師不足に対し、既存の医学部の入学定員増だけではなく医学部の新設も議論されているが、医師を受け入れることは殆んど議論されていない。最低限の日本語の教育を受けることを前提に、医師不足に対し、医師を外国からリクルートすることで問題解決をはかる方が、即効性があり、税金によるコストも低く抑えることができる、という考えに対し、賛成反対の立場を明確にして、その根拠を1000字以内で論説しなさい。（100点）

（1）問題5-1の解説

熊本大学医学部の問題だが、難題が多い国立医学部の後期試験の中でも、とりわけハードルの高い部類に入る出題であると考えてよいだろう。

イギリスの伝統ある総合学術雑誌「ネイチャー」の記事からの出題で、テーマは、最近のイギリスにおける移民制限について。移民数の制限を設けるキャメロン連立政権の政策によって、有能な科学者や研究者がイギリスに入国できなくなってしまったという話だ。

この記事のライターは、こういった状況が続くと、イギリスの科学研究のレベルが低下してしまいかねないと述べ、政府に警鐘を鳴らしている。そして、大学や研究機関の自由なリクルート活動を認めることにより、海外の若手の科学者・研究者をもっと入国しやすくすべきだと説いている。

英語自体は、それほど難解ではないが、イギリスの政治・社会状況に関する知識や一般教養が少ないと、厳密な理解はなかなか難しいだろう。しかし、この論文のテーマが、移民の制限により、優秀な研究者を獲得できないイギリスへの現状批判の話だということがわかれば、一番配点の高い「設問 3」については、曲りなりにも解答を作ることが可能だろう。字数の多さや英文の読みにくさに恐れをなすことなく、設問のポイントで何が問われているかを要領よくつかんで、答案作成に取り組んでほしい。

（2）設問 1 の解き方：a clumsy cap on immigration の意味

■■解答案 5-1（設問 1）■■

移民数の上限が不用意に課されたこと。この政策変更によって、有能な若手科学者などの入国が困難になり、イギリスの研究機関は人材確保に苦慮するようになっている。

a clumsy cap on immigration を直訳すると、「移民に対するぎこちない上限（枠）」という意味になる。cap とは、「ビンなどのフタ」つまり「(予算などの) 上限、枠」のことである。clumsy は、不器用な、ぎこちない；気の利かない、という意味の形容詞だが、副詞的に解釈し、私訳では「移民数の上限が不用意に設けられ」としておいた。文脈上の意味は、保守党と自由民主党の連立政権によって、下手に移民制限が行われたことを表している。

（３）設問２の解き方：200 字以内の日本語で要約

■■解答案 5-1（設問 2）■■

イギリスの研究機関では、海外から研究者を集めることが困難になっている。これは、移民数の上限を定める政策が実施されたため、海外の優秀な科学者をリクルートすることが困難になっているからである。

英国の偉大な科学者たちの多くは海外出身であり、今後も優秀な科学者は必要不可欠だ。大学や研究機関が、どんなポジションであれ、海外からの人材を自由にリクルートできるよう、政府は政策を転換するべきである。（195 字）

前半で、第１段落から第３段落にかけて述べられている「移民制限によって若手研究者の入国が困難になっている」という社会状況をまとめ、後半で、最後の段落で述べられている、筆者の「解決策」をまとめる。論文は、問いとその応答であるから、その要約も、「問題点」と、それへの「分析・意見・解決策」を中心に整理すると、まとめやすくなる。字数によっては、「根拠」も探して書くとよい。

（３）設問３の解き方：海外の外国人医師を輸入することの是非

■■解答案 5-1（設問 3）■■

私は、外国人医師を輸入することで医師不足問題の解決をはかることに賛成である。なぜなら、すでに医師として活躍できる人材を輸入する方法は、日本人医師の育成よりも、時間の面、コスト面の両方においてメリットが多いからである。以下、これについて詳述する。

現在、日本においては、医学部の定員増などによって漸次的に医師数を増やそうとしている。しかし、これには即効性はない。医師の養成には、最低10年弱の時間を要する。また、一人前の医師を養成するには、数千万円から数億円の教育費がかかるといわれており、コストも高い。さらに、教育する側の人材も必要となり、むしろ医療現場の混乱すら引き起こしかねない。

医師を輸入すべきという考え方に対しては、外国人が患者を診察する場合に起こりうるコミュニケーションの問題を指摘する人もいるだろう。課題文で述べられている事例は、グローバル言語である英語話者の国の事例であり、言語教育がほとんど不要なイギリスと日本を同等に考えるべきではないことは確かである。

しかし、外国人が医師として活躍できるフィールドは、患者との高度なコミュニケーションを必要とする臨床部門だけではない。微妙なニュアンスを解するほどの日本語運用能力が必要とされるのは、おもにプライマリー・ケアや急性期患者を診る市中病院の外来診療に限られる。2次医療や外科手術、入院患者のケア、高度な先端医療や医学研究には、それほど高度な日本語力は必要でない。むしろ、英語を完璧に解する高度な研究力を持つ外国人医師を輸入することによって、閉鎖的な日本の医療界に競争が起こり、もっと高度な医療、もっと優秀な医師が出てくるきっかけにもなるだろう。その結果、研究や2次医療に従事していた高度な知識をもつ日本人医師のうちの何割かの人材が、プライマリー・ケアを担う側に移るようになる。その結果、より良質な医療が提供されるようになり、同時に医師の絶対数の不足も短期のうちに解消されることになるだろう。
　課題文にあるとおり、科学には国境がない。グローバルなレベルでの競争こそ、科学の発展を促すのである。このことは、日本の医療・医学においても同様にあてはまる。日本語という文化的障壁を理由にして、外国人医師の輸入を促進しないのは、医師不足問題の解消にとってもマイナスであり、日本の医療の発展にとっても損失になりうるのである。（980字）

　小論文試験の解答は、自分の意見を自由に書けばそれでいいということではない。小論文試験も、「試験」であるから、問題の要求することに、直接答えなければ、解答にならない。市販の過去問集の中には、課題文に書かれてある内容をまるで無視して、自分の知っている「**医師不足問題**」だけを、語りつくして終わりとするような「模範解答」も多い。これでは、問題に答えていないから、本当ならゼロ点である。どんなに正論であっても、問題の要求に答えなければ、合格点はもらえない、と心得ておいてほしい。
　課題文の始めに目を配ると、「論説を読み、以下の質問に答えなさい」と書いてある。これが、出題者の第一の要求である。それに加えて、設問３の要求がある。この両方の要求にきちんと答えるようにしよう。

（４）補足説明：近年のイギリス医療制度の歩み

　背景知識を得てもらうために、イギリスの医療政策について、ごく大雑把に説明を加えておこう。
　イギリスでは、伝統的に「**ゆりかごから墓場まで**」をスローガンとする、**国営の医療サービスが全国民に提供されてきた**。医療においては、社会主義的な国家経営が続けられてきたのである。1990年代になると、国営事業にありがちな官僚主義的な画一主義により、制度疲労が起こり、「手術の予約が半年待ち」など、悲惨な事態が相次いだ。日本よりもずっとまえに「医療崩壊」が叫ばれるようになっていたのである。

「**第三の道**」で有名になった**トニー・ブレア内閣**(**労働党**)は、医療制度改革に乗り出し、10年計画で、壮大なプロジェクトを実行に移した。政府は、その当時、**1000人あたりの医師数が2人程度であった水準(現在の日本と同じ)を、「絶対数の不足」と認定**し、医師の人員確保を積極的に進めた。**外国からも、英語の話せる医師を積極的に入国させ、医師数の絶対的な不足を補った**。

その後、同じく労働党のゴードン・ブラウン内閣時代を経て、現在は**保守党のデービッド・キャメロン首相**が政権を担っている。キャメロン内閣は、労働党政権から医療改革を引き継いだものの、医師を含めた知的熟練労働者(長期滞在者・永住者)の制限を課すようになった。

その結果、起きている問題が、科学者、とりわけ海外からのポスドクレベル(博士号取得後の若手)研究者の不足である。増えすぎた不適格な入国者の問題は、政権の頭を悩ましており、最近ではロンドン・メトロポリタン大学に、留学生ビザの申請を認めないとする処分が下される前代未聞の事件が起きている。これは、不法就労目的で、学生ビザで入国してくる外国人が後を絶たないため、この事態に業を煮やした政府が、不法入国の温床になっている大学を取り締まった事例である。

このように、就労目的の大学留学生(この課題文では、money-spinning overseas students と書かれているのがそれである)の入国を規制し、国際ルール上制限することが難しい政治亡命者の受け入れをコントロールするために数量規制を行った結果、従来は入国を歓迎されていた学位（博士号）取得者などまでが排除されるようになっている。イギリスでは、学位以外の実績を持たないが若くて有能な外国人が、のちに有名な研究者になって、世界レベルの実績を上げてきた過去がある。課題文に出ている Wellcome Trust Sanger Institute も、そのような世界的な研究を続出している有名な研究所である。

（5）参考（全文訳）

イギリス、ケンブリッジ近くの村ヒンクストン。ショップ店員やフォークリフトの運転手といった求人広告の中に、より専門的な職種が目につく。たとえば、分子遺伝学者。これは、熱帯熱マラリア寄生虫の遺伝子改変のための拡張性のある技術を開発するために必要な職種である。また、マウス遺伝学および内分泌系に関する詳細な知識を持つ、骨格を研究する生物学者もまた求人の対象となっている。

この求人は、世界トップクラスの研究センターである「ウェルカム・トラスト・サンガー研究所」による、ポスドク（任期制の若手博士研究員）のためのポジションだ。これまで長い間、同研究所は、このようなポストを埋めるのに苦労することはなかった。地元に適切な候補がいなかった場合、いつでも海外からリクルートしてくることができたからである。科学はグローバルなゲームであり、才能が国境によって制限されることはない。

（しかし）いまや、サンガー研究所は、イギリスの他の学術研究機関と同様に、移民数の上限が不用意に設けられたことで、危機に立たされている。これは、保守党と自由民主党の連立政権によって導入された政策だ。3月末までの暫定措置の下では、欧州経済領域（EEA）の外から英国に入国できる労働者の数は厳しく制限されている。海外の科学者に約束されていた英国の大学でのポジションは、すでに取り消された。英国タイムズ紙はこの状況に注目し、移民数規制上限のせいで、すでに230人以上の科学者や研究者が、入国ビザの取得を妨げられていると報道している。来年には入国資格を得られる者もあるだろう。しかし、その多くは、わざわざ1年も待って入国する気にはならないだろう。

英国の偉大なそして善良な科学者たちは、その多くが海外出身であったり、あるいは、チームメンバーを海外から連れてきたりしているが、彼らはこのような政策の愚かしさを警告するために列をなしているといった状況だ。米国では、2001年の同時多発テロ事件に対応して導入された、科学者に対する厳しい入国制限によって、海外からの人材採用のコスト増や入国遅延が発生し、国際共同研究にとって痛手となっている。また、アメリカの科学にとってもダメージが大きくなるという見方が広まっている。中国やドイツといった国々が研究拠点への投資を増やしているまさにその瞬間、英国は、国家にとって最も必要な人々を追い払っているのだ。

現・英国首相デービッド・キャメロンと彼の内閣が、研究者に対して跳ね橋を吊り上げたり（入国できなくしたり）、空の玄関口である空港で「英国の科学、閉店中」という看板を掲げたりしたがっているとする明確な証拠はない。しかし、今年の選挙に先立って、移民の全般的な抑制策が主要3政党のすべてによって約束された。いまや、留学とは名目ばかりで事実上は出稼ぎに励む海外からの学生や政治亡命者のほうが、（科学者を含む）熟練労働者よりも、制限することが難しいというのが実情である。科学界に対するこの意図せざるダメージは、次の閣議で議題に上るはずだ。閣議は今月下旬に開催され、４月からの移民制限の上限に関してどうすべきかを話し合う予定である。ちょうど、海外のスター級サッカー選手をイギリスに呼ぶ場合のルートと同じように、特定の能力を持った研究者に対する制限に免除を与えることが、いま、一つの選択肢として検討されている。しかし、それだと、自らの研究上の価値をまだ証明することができない若い科学者を排除してしまうことになる。政府が今年行った変革の例として、ビザ申請時の審査においてこれまで博士号所持者に与えてきた優遇を縮小するといったものがあるが、政府はいまも、これをもとに戻す気配はない。しかし、いま政府が取るべき道は、大学や研究機関が、より多くの（ポスドクのための）ポジションを望む者なら誰でもリクルートできる自由を、回復させることである。必要ならば、試用期間が取り入れられ、濫用を防ぐための審査期間としてもいいだろう。イギリスは不愉快な真実に向き合わなければならない。それは、科学者たちがイギリスを求める以上に、イギリスにとっては最高の科学者が必要であるという真実である。

5-2. 医師による良心的医療拒否は許されるか

■■問題 5-2 ■■

下記の英文を読んで、設問に答えなさい。

［熊本大　医学部　医学科　2009 年度後期］

Doctors have always given a special place to their own values in the delivery of health care. They have always had greater knowledge of the effects of medical treatment, and this fostered a belief that they should decide which treatments are appropriate for patients-that is, paternalism. Their values crept into clinical decisions. This has been squarely overturned by greater patient participation in decision making and the importance given to respecting patients' autonomy. More recently, doctors' values have reappeared as a right to conscientiously object to offering certain medical services.（下線部１）Examples include, refusal to offer termination of pregnancy, especially late term termination, to women who are legally entitled to it and refusal to provide reproductive advice and help to gay couples, single women, or others deemed socially unacceptable.

The argument in favor of allowing conscientious objection is that to fail to do so harms the doctor and constrains liberty. This is true. When a doctor's values can be accommodated without compromising the quality and efficiency of public medicine they should, of course, be accommodated. If many doctors are prepared to perform a procedure and known to be so, there is an argument for allowing a few to object out. A few obstetricians refusing to perform abortions may be tolerable if many others are prepared to perform these, just as a few self-interested infectious disease doctors refusing to treat patients in a flu epidemic, on the grounds of self interest, might be tolerable if there were enough altruistic physicians willing to risk their health.

But when conscientious objection compromises the quality, efficiency, or equitable delivery of a service, it should not be tolerated. The primary goal of a health service is to protect the health of its recipients. Certain constraints are necessary to ensure the legal, equitable, and efficient delivery of health care: Medical students and trainees must be aware of the commitments of the profession and be prepared to undertake these or not become doctors. The medical profession has an obligation to ensure that all patients are aware of the full range of services to which they are entitled. Any would-be conscientious objector must ensure that patients know about and receive care that they are entitled to from another professional in a timely manner that does not compromise their access to care. Doctors who compromise the delivery of medical services to patients on conscience grounds must be punished through removal of license to practice and other legal mechanisms. The place for expression and consideration of different values is at the level of policy relating to public medicine.（下線部２）

出　典：Julian Savulescu. Conscientious objection in medicine. BMJ 2006;332:294-7. より一部抜粋。

設問１：下線１で示した文章を 300 字以内で日本語（横書き）に翻訳しなさい。(75 点)

設問２：筆者が下線２のように述べている理由は何か。日本語で答えなさい。(25 点)

設問３：Conscientious objection in medicine に対するあなたの意見を、十分な理由を付して 500 字以内の日本語（横書き）でまとめなさい。(100 点)

（1）問題 5-2 の解説

前節に同じく熊本大学医学部の問題。**医師のプロフェッショナリズム（職業倫理）**と、**患者の権利**をどのように調和させるかについての問題である。

British Medical Journal 誌の論文からの出題で、筆者のジュリアン・サヴァレスキュ Julian Savulescu は、オーストラリア出身の功利主義的立場の生命倫理学者で、BMJ の編集者でもある。

この論文のタイトルは Conscientious objection in medicine、医療における**良心的拒否**、すなわち「**良心に基づいて（患者への医療提供を）拒否すること**」である。Conscientious objection とは、もともと**兵役拒否**という古くから論争があったテーマにおいて使用されてきた表現である。宗教的・思想的に正当な信念に基づいて、医療の提供を拒否できるかというテーマは、**患者の権利（医療への平等なアクセス権）**と真っ向から対立する、現代的で重大な問題である。

（2）設問 1 の解き方：300 字以内で日本語に翻訳

■■解答案 5-2（設問 1）■■

医師は、医療行為における自らの価値観に、これまで常に特別な地位を与えてきた。医師はいつでも、治療の効果に対する知識を患者よりも多く持っていることから、患者に対するどんな治療が最善であるかを決めるのは医師だ、という信念が育まれてきた。これを、パターナリズムという。この考え方は、徐々に臨床上の決定にも及んでいった。この考え方は、医療における意志決定に参加する患者が著しく増加した事実や、患者の自律性の尊重というより重要な考え方によって、いまや完全に覆されている。より最近では、医師の価値観は、ある特定の医療サービスの提供を良心的に拒否する権利として新たに現れてきている。（284字）

わかりやすい訳を作ると300字を超えてしまうので、接続語の選び方などに注意をすること。以下、簡単に用語についてのポイントを説明しておく。

values は、価値観、すなわち医師としてのプロ意識、職業倫理のこと。**paternalism** は、**父権主義、父親的温情主義などと訳される**が、特権的な立場にある者（とりわけ政府・役人）が、本人のためになることを考えて、他人の行為を規制したり、介入したりすることを正しいとする考え方である。clinical decisions とは、臨床・診療における治療方針などの意思決定のこと。**autonomy** は、「**自律**」と訳される倫理学の基本用語。自分で自分を律する、自ら立てた規則に従うということだが、医療倫理においては、通例、**自己決定**（**self-determination**）と同義語として使用される。ほか、詳細は、全文訳を参照のこと。

（３）設問２の解き方：下線２の理由説明

■■解答案 5-2（設問 2）■■

医療サービスの第一の目的は、患者の健康を守ることであり、医療サービスの公正性と効率性を確実なものとするためには、医師個人の判断に対する公的な規制が必要だから。

まず、下線２で書いてあることを理解することが必要である。

The place for expression and consideration of different values is at the level of policy relating to public medicine. の直訳を試みると、「相異なる価値観の表明や考慮の場は、公的な医療に関連する政策のレベルにある」となる。これで意味が理解できる人はいるだろうか。おそらく、すべての人が理解できるわけではないと思うので、少々言葉を補ってみよう。

「相異なる価値観の表明や考慮の場」とは、医師が自分の信念や価値観を、これが正しいのだと他人に説明したり、同意を取りつけたりするための議論の場、そのためにふさわしい場、という意味である。そしてその場が「政策のレベルにある」とは、医療の現場ではなく、政策決定の場、つまり、日本では医師会や医療保険者、政府の審議会などがそういう「レベル」に相当するということである。すべての国民のために、医療拒否に対する考え方は、公平で中立なルールを決定する場において議論すべき、ということなのである。

筆者によれば、**医師の患者に対するサービスは、公平・平等に確保されなければならない**。たとえ、医療提供の判断が、医師の良心に基づいたものであっても、そうでなくても、それは個人的なものであってはならないのである。すくなくとも、制度的に患者のアクセスが確保される領域で、合法的になされるべきである。これが、下線部の「理由」となる。第３段落に書いてあることを上手くまとめて、解答を試みてほしい。

（4）設問３の解き方：：良心的医療拒否に対する意見論述

■■解答案 5-2（設問 3）■■

私は、医師の確固たる職業倫理に基づく良心的医療拒否には賛成である。医師は、患者に医療を提供する一種のサービス業者であるが、このサービスは、患者との相互理解と信頼を基本とし、患者にも一定の努力などのアクションを要求するものである。筆者も言うとおり、医療は、患者の治療を第一義とするもので、一方的なサービスの提供と、顧客の満足を目的とする通常のサービスとは異なる。したがって、医師が、自分の良心や信念に照らして、医療の目的を達成できないと考える場合は、そのような治療は良好な医師・患者関係を阻害しかねず、むしろ差し控えた方がよいと言える。

もちろん、筆者の言うような、「拒否した場合に、患者のアクセスが他の医師によって確保されている」ことは重要な条件である。しかし、医師の良心の問題を、政策レベルの問題とすることには反対である。医師の職業倫理が、政策レベルによってのみ規定されるとするならば、それは、画一的な医師への規制と同じことになる。患者の状態や要求は多種多様であり、医師の個別の判断と裁量にゆだねなければ、医療は患者にとっての最良のサービスとならない場合も出てくるはずだからである。（491 字）

すでに何度か述べたが、課題文つきの小論文試験の答案作成においては、問題の要求にきちんと答えていなければならない。「下記の英文を読んで、設問に答えなさい」という問いの要求は、課題文の内容を踏まえなさい、ということを言っているのである。だから、課題文の筆者の意見をしっかりと理解したうえで、それに応答して、答えなければならない。

この設問においては、筆者の主張である、「医師個人の良心的判断よって、患者が不利益を被ることは不当であり、そのようにならないようにすることは、医師の責任である」という点と、「価値観の相違は政策レベルで」という提案と、これら両方を踏まえておく必要がある。

筆者は、良心的医療拒否について、基本的に反対、条件付きで認める、との立場を取っているように思われる。賛成する場合も反対する場合も、筆者の立場に対しての言及を忘れないようにしよう。

(5) 参考（全文訳）

医師は、医療行為における自らの価値観に、これまで常に特別な地位を与えてきた。医師はいつでも、治療の効果に対する知識を患者よりも多く持っていた。これによって、医師こそが、患者に対するどんな治療が最善であるかを決めるべきである、という信念が育まれてきたのである。これを、パターナリズムという。このような考え方は、徐々に諸々の臨床上の決定にも及んでいった。しかし、この考え方は、医療における意志決定に参加する患者が著しく増加した事実や、患者の自律性の尊重というより重要な考え方によって、いまや完全に覆されている。（一方で）より最近では、医師の価値観は、ある特定の医療サービスの提供を良心的に拒否する権利として新たに現れてきている。たとえば、以下のような例がある。人工妊娠中絶、とりわけ妊娠後期の中絶を、法的にはその資格のある女性に対して行うことを拒否したり、ゲイカップル、単身女性、あるいはその他の社会的に容認されがたい人たちに対して、生殖医療のアドバイスを提供することを拒否したりというものである。

良心的医療拒否に賛成する人によれば、そのような拒否が不可能になることは、医師にとっては有害であり、また、それは医師の自由を抑制することになるという。これはたしかにその通りである。公的医療の質の低下を伴わず、また効率性を損なわずに、こうした医師の考え方を許容できるというならば、もちろんそうすべきであろう。もしも、多数の医師がある治療・処置を行う用意があり、またそうであると一般の人々にも周知されているならば、それは、少数の医師がそれを拒否することを許すことを検討してもよいだろう。例えば、もしも他の多数の産科医が中絶処置を行う用意があるならば、少数の産科医が中絶を拒否することも許容されるかもしれない。それはたとえば、仮に、自らの健康を損なうリスクを進んで引き受けようとする利他的な医師が十分にいるならば、少数の利己的な感染症専門医が、完全な私利のために、インフルエンザ患者の治療を拒否することも許容されうるかもしれないということと、同じである。

しかし、良心的医療拒否によって、医療サービスの質、効率性、ないしは公正な実践がないがしろにされるような場合には、当然、これは許容されるべきではない。医療サービスの第一の目的は、サービスの受け手（患者）の健康を守ることにある。医療サービスの合法的で、公正で、効率的な提供を確実なものとするためには、ある種の規制が必要だ。すなわち、医学生や研修医は、この職業的義務に献身し、この責任を引き受ける覚悟が必要で、それができないならば、医師になってはならない。医療職には、すべての患者が、自分が受ける権利をもつすべての医療サービスについて確実に知ってもらうようにする義務がある。良心的医療拒否を行おうとする医師は、患者に対して、同じ治療が別の医師によって受けられる権利があることを確実に知らせなければならず、他の医師へのアクセスが阻害されないように迅速に対応しなければならない。医師が、自分の良心に従うことによって患者への医療サービスの提供をおろそかにする場合には、その医師は、免許剥奪や、その他の法的手段によって、罰せられねばならない。相異なる価値観の表明や考慮は、公的な医療政策レベル（政策決定過程）で行うべきであり、医師個人の判断で行うべきではないのである。

☆知っておきたい [5] ☆パターナリズムとヒポクラテスの誓い

■**パターナリズム**とは、医師が患者のために、本人の意思とは無関係に良かれと考えて行う強制的介入と定義される。パターナリズムがすべて悪いということではないことに注意してほしい。父親的温情主義と訳される。

■**「ヒポクラテスの誓い」the Hippocratic oath** とは、紀元前5世紀の医師で「医学の祖」「医聖」などとも言われるヒポクラテスの弟子たちが編纂した「医師の職業倫理についての宣誓文」。これは、古来より現在まで、医学教育の指針、医師の行動規範の見本とされてきた。**患者に害を与えず、益をもたらすこと**、などが述べられていて、基本的にはパターナリスティックな倫理観に基づいているが、「患者の秘密（**プライバシー**）を他言しないこと」など、現代的な側面もある。この規範の現代における表現が、世界医師会〔WMA〕による「**ジュネーブ宣言**」（1948年）である。

5-3. 医療ミスと科学そのものに対する「恐れ」

■■問題 5-3 ■■

次の文章を読んで、以下の問いに答えなさい。

［東邦大学 医学部 - 医学科 予想問題］

しかし、なんと言っても脳死について一番こわいのは「まだ死んでいないのに、死んだことにされて臓器を取られてしまう」という想像である。これはポーがこだわり続けた「生きながら埋葬される恐怖」に匹敵する。脳死には昏睡、呼吸、瞳孔反応、脳波といろいろな判定条件があるけれども、どんな精密な機械でも故障することはあるし、どんな名医にも誤診はある。なんかの間違いで生きているのに「脳死です」という宣告が下されてしまうことだって、絶対にないとは言えない（誰かがうっかり脳波計につながるコードに足を引っかけて接続を切ってしまうとかいうことだって考えられなくはない)。そして脳死判定が下り、臓器移植のために外科医がゴリゴリと心臓や腎臓を摘出している最中に「眼を覚ましてしまう」のである。これは痛いとか苦しいとかいうより、せつない。

脳死臨調で「脳死はヒトの死ではない」と主張し続けた梅原猛がこんな話を紹介している。アメリカで暴走族の若者の心臓を提供された50歳くらいの女性がいた。誰の臓器を移植されたかということは極秘なので、むろん彼女もドナーが誰だか知らなかったのだが、突然バイクに乗りたくて仕方がなくなり、ついに我慢できずに手近のバイクにまたがりばりばり走り回ってしまったというのである（まあ、こういうのは「都市伝説」

のたぐいで、あまり信憑性はないけれども、そのような都市伝説を支えるメンタリティが存在することは確かだ)。

脳死と臓器移植が連想させる恐怖譚もジョークもいずれもかなりブラックである。これを素人のゆえなき妄想とかたづけることはたやすい。けれども人類学的な立場から言えば、「恐怖」とは「触れてはならぬもの」に対して人間が備えている本能的なセンサーである。「なんだかわからないけど恐い」という感覚のおかげで人間はしばしば危険を未然に回避している。「恐い」ものは敬して遠ざけよと経験は私たちに教えている。

(内田樹の文章より)

問:医療ミスに対する医療関係者の法的責任・社会的責任があまりに大きくかつ曖昧であることから、リスクの高い医療を引き受ける医師がいなくなってしまうことにより、特定分野の医師不足や医療全体の質の低下が起こること(医療崩壊)を危惧する声もあります。このような状況について、医師を目指す立場としてのあなたはどのような意見を持ちますか。上の文章の下線部を踏まえつつ、600字以内で答えなさい。

(1)問題5-3の解説

東邦大学医学部の小論文問題(非公開)では、例年、「医師を目指すものとしての立場から」意見を書かせるというのが、通例のスタイルになっている。医療倫理や医療問題など、医療そのものがテーマになることが多いようだ。

さて、この問題であるが、2009年に改正された「**臓器移植法**」(正式名称「臓器の移植に関する法律」)に関連した出題意図があることは、明らかである。また、いわゆる「**医療崩壊**」問題とも絡めた出題になっており、受験生としては、それらのいわゆる「時事ネタ」についての知識の有無をたずねる問題だと早合点するかもしれない。

しかし、医学部における小論文の出題意図は、知識（の有無）の確認ではなく、考え方や文章力に表わされた思考力、表現力（これは狭い意味でのコミュニケーション能力でもある）、そして倫理観（道徳感覚あるいは道徳的常識）を験すことにある。

したがって、問いに対してまっすぐに答える形で、できるだけ原理に忠実に、知っている知識だけを利用して書けばよい。重要なのは、何を知っているかではなく、どう考えるべきか、である。

では、どう考えるか、について説明しよう。まず、問題をよく読むこと。それから、問いは、何を答えとして要求しているか、何を答えよと書いてあるのか注意して読むこと。これらが重要である。

出題された「問題文」であるが、これは、「脳死と臓器移植が連想させる恐怖譚」が「恐い」と言っているのではないことに注意すること。筆者の言いたいのは、「脳死判定」という“制度”が、「なんだかわからないけど恐い」ということである。これは、現在の文脈に置き換えて考えると、「脳死を人の死として定義すること」の「恐さ」ということになるだろう。この「恐れ」とは、人間が先端医療技術に対して抱いている漠然とした不安感と同様の「恐れ」であり、科学全般の発展やそれへの拙速な対応への歯止めとしても機能するような「恐れ」である。

一方、問（「問題」）のほうは、いわゆる「医療崩壊」の問題について意見を述べよとある。「問題」にも書かれてあるように、いわゆる「医療崩壊」の一つの側面は、医療訴訟の増加や患者側からの医療への過大な期待が高まるなかで、「リスク」をさける医師が増えているという現状である。ここで想定されている「恐れ」とは、たとえば、訴訟を起こされる「恐れ」であり、医療ミスを犯す「恐れ」である。

したがって、問題に答えるにあたってまず注意しなければいけないのは、**「恐れ」という言葉の意味が、本文と問いにおいて微妙であるが異なっている**ということである。安直に「ミスを恐れてはいけない」とか、「ミスを慎重に避けるべきだ」という答えをしてしまうと、解答が一面的なものになりがちで、評価も低い論文になってしまうだろう。

科学の進歩（医療技術の進歩）と社会の変化（臓器移植を望む声の増大）に対応した新しい制度（臓器移植法・改正臓器移植法など）への「恐れ」と、ミスへの「恐れ」の違いをわきまえた上で、これらの恐れに対して、医師としてどのように向かい合えばいいのか、その意見を述べることが肝要である。

考え方の例としては、上記二つの「恐れ」に対して、その違いを指摘したうえで、どのような「恐れ」を持つのは正当か、このことを理由を挙げて述べ、さらに字数が許せば、そのような「恐れ」に対して、どのような「克服法」があるのか、これを述べるのである。

「ミスを恐れずに果敢にチャレンジすべきである」という単純な努力論・精神論や、「ミスは絶対に避けるべきであるから慎重に診断すべきである」などという当然過ぎる主張を結論として述べるのは避けよう。**問題は、当然の努力や当り前の前提が、なぜできなくなってしまうのか、ということなのである。**

（2）問題 5-3 の解答案

■■解答案 5-3 ■■

課題文の筆者が述べているのは、脳死を人の死として定義することへの「恐れ」であり、人間が先端技術に対して抱いている漠然とした不安と同様の「恐れ」である。このような「恐れ」は、科学技術全般の進展や、それへの拙速な対応への歯止めとして機能する。したがって、筆者の述べるような「恐れ」は、医師などの専門家こそが、常に持ち続ける必要のある感情であると言える。

それに対して、通常の意味の恐れ、すなわち医師が医療ミスなどを恐れる気持ちは、持つこと自体は仕方がないにしても、強く持ちすぎるのは望ましくない。確かに、ミスをしない人間はおらず、ミスに対して恐れを持つこと自体は合理的である。また、ミスへの制裁が過大である場合、多くの人がそのミスを避けるように行動してしまうことも当然であると言える。しかし、ミスや制裁を避けるために、リスクの高い医療を引き受ける医師が一人もいなくなってしまう「医療崩壊」の状況は、放置すべきでない。

思うに、医療ミスへの過剰な恐れの原因には、制度の不備だけではなく、医師一人ひとりの知識とコミュニケーションの問題がある。したがって、医師は、常に研究を怠らず、医療行為の効果と危険をできるだけ正確に患者に伝える努力を惜しまないこと、また、常にごまかさず真摯に患者に接し、コミュニケーションを重視すること、このような態度こそが重要なのである。(574字)

〔筆者の述べる意味での「恐れ」(「恐い」もの)には、通常の意味での(ミスなどへの)恐れと区別するために、「カギカッコ」を付した。〕

お薦めの書籍・参考図書

[論文の書き方・考え方]

1. **アンソニー・ウェストン『論理的に書くためのルールブック』(PHP)**：論証のやり方をルール化し、わかりやすく解説したもの。絶版なので古本屋でしか見つからないが、ぜひ入手されたい。
2. **アンソニー・ウェストン『ここからはじまる倫理』(春秋社)**：上記と併せて読めば、他には何もいらないのではないかと思わせるくらい、良い本。価値に関わる問題を「どのように考えるか」をわかりやすく解説してくれる。
3. **木下是雄『理科系の作文技術』(中公新書)**：初版は 30 年以上も前の超ロングセラー。明晰かつ判明に書くための最良の手引き。
4. **野矢茂樹『論理トレーニング≪新版≫』(産業図書)**：小論文試験だけのためならばこの本は必要ないが、日本語の書き言葉における論理をきちんと身につけるために、読んでおいて絶対に損はない。読解力養成にとても役立つ。
5. **伊勢田哲治『哲学思考トレーニング』(ちくま新書)**：「哲学」とあるが、いわゆる論理的な思考法のパターンをわかりやすく解説してくれる実にありがたい、とても「実用的」な本。さまざまな「タイプ別の議論の仕方」がわかる。
6. **谷岡一郎『「社会調査」のウソ―リサーチ・リテラシーのすすめ』(文春新書)**：資料読解型の小論文対策にも有効。同著者『データはウソをつく―科学的な社会調査の方法』(ちくまプリマー新書) もお勧めである。
7. **鈴木鋭智『小論文のオキテ 55』(中経出版)**：超初心者向けの小論文概説書。これだけで書けるようにはならないが、試験としての小論文の実態を、リアリズムに即して分析しているところがよい。すぐに読めるので、中級以下の人は手にとってみよう。
8. **吉岡友治『吉岡のなるほど小論文講義 10』(桐原書店)**：初級～中級向け。小論文の試験対策用参考書の中で、もっとも使い勝手が良いもの。
9. **岡田寿彦『論文って、どんなもんだい』(駿台文庫)**：軽々しく使われる「論理」という言葉の意味を、問答と実例を通して理解させてくれる希有な参考書。名著である。時間がある人は、2 回読んでほしい。
10. **中島義道『〈対話〉のない社会』(PHP 新書)**：第 1 章で言及したコミュニケーションに関する名論考。筆者は哲学者で、私の最初の哲学の師匠。

［生命倫理・医療倫理分野］

1. **加藤尚武『脳死・クローン・遺伝子治療─バイオエシックスの練習問題』（PHP新書）**：受験生必携。加藤尚武先生は、哲学・応用倫理学分野の大御所。初版は古いが、まだまだ使える。これ以上に内容が濃くコンパクトなものは、他に類書がない。
2. **『［新訂版］倫理資料集－ソフィエ』（清水書院）**：センター試験で倫理を使う人は必携。小論文にも使える、コンパクトにうまく整理された資料集。
3. **浅見昇吾・盛永審一郎（編）『教養としての応用倫理学』（丸善出版）**：医療倫理を含む最新トピックスが拾える。資料集として持っておいてよいもの。
4. **玉井真理子・大谷いづみ（編）『はじめて出会う・生命倫理』（有斐閣アルマ）**：新しいトピックスを網羅した初級者向け医療倫理のテキスト。体系的に勉強したい人向け。14 章あるので、週に 1 章ずつ読んでいき、1 学期で読み終える計画で進めるとよい。重要な定義や説明はきちんとノートにまとめ、実際に書く材料にすることを意識して学習する。
5. **マイケル・J・サンデル『完全な人間を目指さなくてもよい理由─遺伝子操作とエンハンスメントの倫理』（ナカニシヤ出版）**：私の塾では、塾生が毎年原書でチャレンジしている。英米流自由主義の（主流の）生命倫理学に対する「真っ当な反論」を学べる。原書も併せて読むと効果絶大。
6. **マイケル・J・サンデル『これからの「正義」の話をしよう』（早川書房）**：文庫版が入手しやすい。全部でなくてもよいので、手元に置いて、気になる章を読んでみよう。個人的には、後半のトピックスが面白いと思う。
7. **加藤尚武『現代倫理学入門』（講談社学術文庫）**：小論文用の倫理学の本は読みたいけれど、サンデルは分厚くて読む時間がないという人にお薦め。各章が短めで読みやすい。初版から 15 年も経っているが、全く古びていない名著。
8. **中島義道『悪について』（岩波新書）**：カント倫理学最良の入門書である。「厳格主義」として知られるカントの倫理学を、いわば、「裏側から」かつ体系的に説明してくれている。丁寧に読めば、読解力養成にも役立つ。
9. **森村進『自由はどこまで可能か─リバタリアニズム入門』（講談社現代新書）**：サンデルの思想とは対極に立つ「自由至上主義」を扱った本だが、自由とは何か、倫理とは何かという問題を考えるヒントがたくさん詰まっている。しかも、類書よりずっと楽しく読める。

10. **児玉聡『功利主義入門―はじめての倫理学』(ちくま新書)**：生命倫理学の専門家でもある著者によるもの。功利主義は、とても誤解の多い倫理思想だが、真面目で、しかも使い勝手の良い考え方であることがわかるだろう。

11. **ノーマン・ダニエルズ他『健康格差と正義－公衆衛生に挑むロールズ哲学』(勁草書房)**：公衆衛生問題への正義論からの応答。疫学分野に興味ある人向け。学士編入の本格的な小論文試験レベルに挑戦する人はぜひ。

[医療経済・医療政策分野]

1. **東京大学医療政策人材養成講座(編)『医療政策入門―医療を動かすための13講』(医学書院)**：どんな問題があるのか、ざっと全体像をつかむためによい本。理論的・抽象的議論よりも、具体的な記述が多く読みやすい。

2. **葛西龍樹『医療大転換－日本のプライマリ・ケア革命』(ちくま新書)**：いわゆる「地域医療」や「家庭医」などというキーワードに興味をもつ受験生は、ぜひ手にとってもらいたい。次の３の書籍と併せて読むと、さらに理解が深まるだろう。

3. **武内和久・竹之下泰志『公平・無料・国営を貫く英国の医療改革』(集英社新書)**：「ゆりかごから墓場まで」と言われたイギリスの医療制度・社会保障制度の変革をコンパクトに解説した良書。

4. **真野俊樹『「命の値段」はいくらなのか？－国民皆保険崩壊で変わる医療』(角川One テーマ21)**：財政の悪化とTPP交渉開始により、日本の医療は大きな変化を強いられるだろう。真野俊樹先生は、有名な医療経済の専門家。医療経済に興味がある人は、他の著書もチェックしてみよう。

5. **小松秀樹『医療の限界』(新潮新書)**：「立ち去り型サボタージュ」論で医療崩壊の現実を告発した有名な著者によるベストセラー。正論だと思うが、世の中なかなか正しさが通るとは限らない。

6. **池上直己『ベーシック・医療問題≪第4版≫』(日経文庫)**：教科書的な記述で、はっきり言っておもしろくないが、東海大学の学士編入試験など、医療問題が出題される大学を受験する人の定番のテキスト。

7. **和田秀樹『医学部の大罪』(ディスカヴァー携書)**：最後に爆弾を。ご存じ和田秀樹先生による告発本シリーズの１冊。これまた、正論だと思うが、面接では、読んだことは内緒にしておいた方がよいかもしれない。進路変更を覚悟して読んでみよう。

[理想の医師像を見つけるために]

1. **茨木保『発見！しごと偉人伝：医師という生き方』（ぺりかん社）**：いわゆる、超ビッグネームの伝記的紹介本。中学生でも読める。

2. **小鷹昌明『医者になってどうする！』（中外医学社）**：獨協医科大卒の先生が受験生に向けて書いた本。なんとなく医師になってしまった著者がなぜ医師を続けるのか、その意味が那辺にあるか、興味ある受験生は多いのではないか。

3. **榎木英介『医者ムラの真実』（ディスカヴァー携書）**：いわゆる再受験を経て医師になった「長老」の冷徹な現状分析。大人の受験生に読まれたし。

4. **窓果倫『脱サラ精神科医が明かす 医師・医学部生の実態と再受験成功の鍵』（エール出版社）**：再受験生の受験と入学後の実態がわかる。

5. **和田秀樹『医者をめざす君たちへ―知っておかなければ損する現実と未来』（PHP 文庫）**：少々古いが、リアリズムに徹した著者のアドバイスは傾聴に値するものがある。

6. **ジェローム・グループマン『医者は現場でどう考えるか』（石風社）**：受験生を含む一般の人にとって、医師と患者のやり取りは、実はブラックボックスである。医師になったときをイメージするために読んでみよう。

7. **天野篤『この道を生きる、心臓外科ひとすじ』(NHK 出版新書)**：著者は、私大出身（日大卒）の医師として初めて天皇陛下の外科手術を任された順天堂大学の先生。質量ともに驚異的な手術をこなすドクターの半生を綴る。

8. **緑慎也『山中伸弥先生に、人生と iPS 細胞について聞いてみた』（講談社）**：1987 年の利根川進氏に次いで、日本人として 2 番目にノーベル医学生理学賞（2012 年）を受賞した『生命の未来を変えた男』のドキュメント。

9. **黒木登志夫『がん遺伝子の発見』（中公新書）**：癌研究で有名な元東大教授、前岐阜大学長。将来、研究医を目指すことを考えている学生向け。

10. **ジェームズ・D・ワトソン『二重らせん』（講談社文庫）**：同じく、研究医を目指すことを考えている学生に。DNA 構造の解明に至るドラマ。

11. **神谷美恵子『生きがいについて』（みすず書房）**：ライ病（ハンセン病）の治療に生涯をささげた精神科医、著述家。臨床医を目指す人は必読。精神科医師を目指す人にも、それ以外の人にとっても、生涯バイブルとなるだろう。

12. **中井久夫『治療文化論―精神医学的再構築の試み』（岩波現代文庫）**：少し難しいかもしれないが、大人の受験生はチャレンジしてほしい本。著者は精神科医だが、その教養と思考の深さには驚嘆する。

用語索引

【事項索引】

＜ア行＞

＜カ行＞

＜サ行＞

<タ行>

【人名索引】

あとがき

あとがきは先に読まれるものと相場が決まっているので、立ち読みをしている方にも参考になることを述べておこう。私がこの本で伝えかったことは、論文は、①問題に答えるコミュニケーションであるということ、②中身が重要であること、③論証が必要であること、④トレーニングにより上達するということ、そして、⑤総合的学力向上に役立つ（＝合格力を高める）ということである。

⑤のポイントについては、本文では一言も触れていないが、この一冊をしっかり勉強してもらえば、その効果が実感できると思う。つまり、この参考書はお買い得であるということだ。

さて、個人的な例で恐縮だが、筆者が一番知的に成長したのを実感したのは、常に、論文を書くまとまったトレーニングをした後であった（大学入試、学部学生のとき、大学院で論文を書いたとき）。大学に入ってから徐々に増えていった読書量も、成長を後押ししてくれたことは確かだが、やはり、それ以上に、実際に書くという経験は、知的成長に欠かすことのできない重要な契機となった。

書くことによって、頭の内にある情報の断片は、整理され、秩序づけられる。こうして秩序化された情報は、はじめて体系化された「知識」として、その人の本物の財産となる。頭がよくなるというのは、このようなプロセスを通じた知識の体系化のことなのである。

医学部を含む理科系の大学受験生には、国語、小論文を苦手としている人、あるいは軽視している人がとても多い。数学は得意でも、それだけではダメだ。形式論理である数学だけでは、総合的学力は伸びない。実質の伴った日本語の論理を、書くトレーニングを通じてぜひ鍛えてほしい。この本が、そんな皆さんの学力伸長に役立つことを祈っている。最後に…体験者は皆の合格を保証します！

■著者紹介■

原田広幸（はらだ・ひろゆき）

1973年、栃木県真岡市生まれ。県立真岡高等学校、東京外国語大学外国語学部ロシヤ東欧語学科卒業。中央大学法学部学士編入後、東京工業大学大学院社会理工学研究科修了。東京大学大学院総合文化研究科中退。政治思想と国際法を宮野洋一氏（中央大学教授）に、社会学・政治学を橋爪大三郎氏（元東京工業大学大学院教授）に、哲学を中島義道氏（元電気通信大学教授）・門脇俊介氏（元東京大学大学院教授・故人）・野矢茂樹氏（東京大学大学院教授）に学ぶ。

都市銀行、投資顧問、短大勤務を経て、医学部専門予備校エコール麹町メディカルを設立。同塾長に就任。同塾では、小論文の他、国語、英語、社会（公民）、面接対策も担当し、高校生から社会人まで、幅広い人材を対象とした指導を展開している。アカデミズムと実社会を架橋する「マージナルマン」としてのアイデンティティを誇りとし、教養と実業、理論と実践のバランスを目指した教育を推進している。

趣味は、ジャズと読書。ドラムはリハビリ中。『30歳・文系・偏差値30でも医学部に受かる勉強法』（幻冬舎）は、王道の勉強法の指南本として高い評価を受けている。また、『医学部に受かる勉強計画（仮題）』（幻冬舎）も刊行予定。学習参考書研究、勉強法研究は、マニア的な趣味の領域に達している。

医学部入試
小論文実践演習～生命・医療倫理入門編～　＊定価はカバーに表示してあります。

2014年3月15日　第1刷発行

著　者　原　田　広　幸
編集人　清　水　智　則
発行所　エール出版社

〒101-0052　東京都千代田区神田小川町2-12
信愛ビル4F
e-mail：info@yell-books.com
電話　03(3291)0306
FAX　03(3291)0310
振替　00140-6-33914

ISBN978-4-7539-3238-2